パフォーマンス向上に役立つ
サッカー選手の体力測定と評価
Fitness Testing in Football
Fitness Training in Soccer II

ヤン・バングスボ + マグニ・モア ──著
Jens Bangsbo and Magni Mohr

長谷川 裕 + 安松幹展 ──訳
Hiroshi Hasegawa　Mikinobu Yasumatsu

大修館書店

FITNESS TESTING IN FOOTBALL - FITNESS TRAINING IN SOCCER II

By Jens Bangsbo and Magni Mohr

Copyright© Bangsbosport

Published by arrangement with
BANGSBOSPORT and Jens Bangsbo and Magni Mohr
through Japan UNI Agency, Inc., Tokyo.

Taishukan Publishing Co., Ltd.
Tokyo, Japan, 2015

はじめに

　これまでわれわれは、デンマーク代表チーム、ユベントスFC、そしてチェルシーFCでの仕事を通じて、体力テストが役に立つものであるという確信を得てきた。体力テストによって、チーム内の個々の選手の能力をより詳しく知ることができ、それによって一人ひとりの選手にとってより適したトレーニングを計画し実行することができたからである。体力テストは、決してエリート選手のためだけのものではない。年齢やレベルに関係なく、誰でも体力テストによって自分自身の可能性を知るとともに、さらに何を改善するべきかについて理解することができる。テスト結果をうまく活用すれば、選手のモチベーションアップにつながり、もっとハードなトレーニングにも積極的に取り組むようになり、よりうまくプレーしようと努力するようになる。サッカーの体力テストはサッカーグラウンドで行うべきである。本書で取り上げたテストは、どれも大掛かりな装置を使わず、短時間でできるものばかりである。例えば、Yo-Yo（ヨー・ヨー）間欠的回復能力テストは、CDプレイヤーさえあればたった10分で30名の選手を一度に測定することができる。サッカーに必要な身体能力は、例えば、ゴールをねらうシュートのような瞬間的な動作に必要とされるハイパワー能力から、試合の最後まで自分の力を発揮し続けるための持久力にいたるまで、多種多様な能力が複雑に関連し合っている。本書では、サッカー選手にとって重要なさまざまな体力要素をテストする方法について紹介し、さまざまなカテゴリー・レベルの選手に必要とされるテスト結果の基準を提供する。簡単なテストばかりなので、あとはただ実行あるのみである。

ヤン・バングスボ & マグニ・モア

Contents

はじめに　iii

序章 ——— 1

1. 体力テストの前提条件 ——— 3

2. テストの概要 ——— 5

3. 間欠的持久力の測定 ——— 7

Yo-Yo IE ── サッカーの専門的持久力テスト……10
①テストのやり方……10　②生理学的応答……14　③テスト結果の解釈……14
④最大酸素摂取量の推定……17　⑤ポジション特性……17
⑥育成年代の選手……19　⑦シーズン変化……19
⑧要約……21

4. 間欠的高強度運動能力の測定 ——— 23

Yo-Yo IR ── サッカーの専門的高強度運動反復能力テスト……26
①テストのやり方……26　②生理学的応答……30　③テスト結果の解釈……31
④ポジション特性……34　⑤育成年代の選手……38　⑥シーズン変化……39
⑦要約……40

5. 最大心拍数を知る ——— 43

フィールド漸増負荷テスト……44
①テストのやり方……44
②要約……44

6. 最大下テストによる持久力の測定 ——— 45

持久力テストとしての最大下 Yo-Yo IE と Yo-Yo IR1……45
①テストのやり方……45　②最大化テストの実施……47　③生理学的応答……47
④最大下 Yo-Yo IE1 と Yo-Yo IE2 におけるテスト結果の解釈……48
⑤最大下 Yo-Yo IR1 のテスト結果の解釈……49
⑥ポジション特性……49　⑦シーズン変化……50
⑧要約……51

7. スピードのテスト —— 53

①スプリントテストの準備……59　②直線スプリント能力……59

直線スプリントテスト……60
①テストのやり方……60　②テスト結果の解釈……62　③ポジション特性……63
④育成年代の選手……64　⑤シーズン変化……65

カーブ・スプリントテスト……66
①テストのやり方……66　②テスト結果の解釈……67　③ポジション特性……67

クリエイティブ・スピードテスト……68
①テストのやり方……68　②ウォームアップ……69　③テスト結果の解釈……70
④要約……70

8. 敏捷性（アジリティー）のテスト —— 71

アロウヘッド・アジリティーテスト……71
①テストのやり方……71　②ウォームアップ……71　③テスト結果の解釈……72
④ボールキープのコーディネーション……73

ショート・ドリブルテスト……73
①テストのやり方……73　②ウォームアップ……75　③テスト結果の解釈……75
④要約……75

9. 爆発的筋力とパワーのテスト —— 77

カウンター・ムーブメント・ジャンプテスト……78
①テストのやり方……78　②ジャンプテストのウォームアップ……79
③テスト結果の解釈……79　④ポジション特性……80　⑤育成年代の選手……80
⑥シーズン変化……82　⑦連続ジャンプ能力……83

ファイブ・ジャンプテスト……83
①テストのやり方……83　②ウォームアップ……83　③テスト結果の解釈……83
④脚筋力テスト……83

スクワットテスト……84
①テストのやり方……84　②ウォームアップ……85　③テスト結果の解釈……86
④筋力とコーディネーション能力の評価……86　⑤ポジション特性……86
⑥シーズン変化……86　⑦上半身の筋力テスト……88

ベンチプレステスト……89
①テストのやり方……89　②ウォームアップ……90　③テスト結果の解釈……90
④要約……90

10. バランスのテスト —— 91

ビーム・バランステスト ……91
①テストのやり方……91　②ウォームアップ……92　③テスト結果の解釈……92
④要約……92

11. フットサル —— 93

フットサルのためのテスト項目 ……94
①テストのやり方……94
②要約……94

12. 体力テストの計画 —— 96

①プレシーズン……95　②インシーズン……96　③インシーズンの中断期……97
④個人別のテスト……98　⑤育成年代の選手……99
⑥要約……99

参考文献……101　索引……102　訳者あとがき……104

本書で使われる用語について

選手のレベル ▶
- 育成年代レベル／ユースレベル：16〜19歳の選手のレベル相当。
- トップ（選手、リーグ）レベル：各国の1部リーグに所属する選手のレベル相当。
- 代表レベル：各国のA代表選手のレベル相当。
- エリートレベル：育成過程でのカテゴリー別代表選手（U16〜21）のレベル相当。
- 準エリートレベル／中級レベル：エリートレベルの下で、各地で競技サッカーをしているレベル相当。
- レクリエーショナルレベル：競技を離れ、楽しみながらサッカーを続けているレベル相当（年齢による区分けはない）。

シーズン ▶
- プレシーズン：準備期。日本では1月中旬からJリーグ開幕（3月中旬）までの期間。
- インシーズン：試合期。日本ではJリーグ開幕（3月中旬）からJリーグ閉幕（12月）までの期間。
- オフシーズン：回復期および鍛錬期。日本ではJリーグ閉幕（12月）から1月中旬までの期間。

序章

　サッカーのパフォーマンスは複雑であり、テクニック、戦術、心理的要素そして体力的要素のすべてが関与している。しかし、目的がはっきりした質の高いテストを使うことによって、個々の選手の能力についての明確な情報を得ることができる。サッカー界においては、近年、体力テストの有効性についての関心が高まり、注目を集めている。しかし、重要なことは、個々の選手に必要な能力は何なのか、そして体力のどのような要素が評価されるべきかということである。サッカーに必要な身体能力は6つの主要なカテゴリーに分類される。間欠的持久力、間欠的高強度運動能力、スプリント能力、筋力発揮能力、敏捷性、そしてバランス能力である（図1）。本書ではこれらすべてのカテゴリーに関わるテストを紹介する。加えて、チームのポジション、性別、年齢別のエリート選手から得られた測定値を紹介し、テストを有効活用するための方法についても詳しく解説する。

　テストを始める前に、テストを行う目的を明らかにして行う。テストには以下のような目的がある。

- トレーニングプログラムの効果を調べる
- よりハードなトレーニングに対する選手のモチベーションアップ
- 選手に対して客観的なフィードバックを与える
- 選手の体力プロフィールを作成する

図1　サッカー選手の身体能力要素

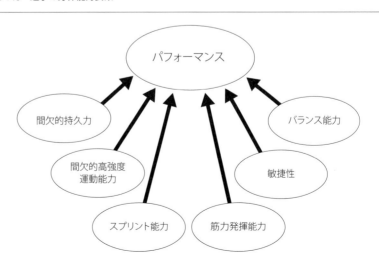

- トレーニングの目的について選手たちに理解させる
- どの選手が試合に向けてしっかり準備できているかを評価する
- 短期そして長期のトレーニング計画を練る

　これらの目的を達成するためには、サッカーと密接に関係し、試合中の状態に即したテストであることが重要である。試合のパフォーマンスには多くの側面が関係するので、テスト結果だけからその選手が試合でいかにプレーするかを予測することはできない。しかし、本書で示した体力テストの結果は、試合で発揮される身体能力のレベルと深く関わっていることが科学的に証明されている。つまり、これらのテストは、サッカーのための専門的体力テストとしての妥当性が確立されている。ここでは、簡単にしかも安価な器具や装置で実施できるものを紹介する。

　具体的なテストの紹介に入る前に、テストを実施するための一般的なガイドラインとテストの概要について説明したので、読者がチームで行うテストを選択するための参考にしていただきたい。

1 体力テストの前提条件

　屋外でテストを実施する場合、グラウンドの状態や天候といった条件がテスト結果に影響を及ぼす可能性がある。もしテストを複数回実施するつもりなら、グラウンドや気象条件ができるだけ同じになるようにしたほうがよい。人工芝のグラウンドでは一定の条件で体力テストを実施することが比較的容易である。実際の試合中のプレー特性が若干失われるが、条件を一定にするためには、屋内で測定してもよいだろう。

　信頼性のあるテスト結果を得るために、テストの管理者は常に以下の条件がすべて満たされているかどうか注意を払う必要がある。

- 選手が疲れていないこと
- しっかりウォームアップできていること
- テストのやり方について選手がしっかりと理解していること
- 本番のテストを行う前に最低1回はテストを実行していること
- テストで用いる機器類が正しく作動し、マーカーやラインなどが正しく準備されていること
- 選手がテストの目的を理解していること

　選手が疲れていないというのは、テストを実施する前日やテストを実施する直前に、大きな負荷のかかるトレーニングをするべきではないことを意味する。また、体力テストも当然ウォームアップを必要とする。どのようなウォームアップを行うべきかは、どのようなテストを行うかによって決まるが、本書で取り上げたそれぞれのテストのためのウォームアップについては、その都度、具体的な例を挙げて説明する。テストを実施するたびにウォームアップの方法を変えるのではなく、同じテストを行う前には常に同じ方法で標準化されたウォームアップを実施するべきである。

　可能な限り、テストは一日の中の同じ時間帯に実施することが好ましい。また、水分の補給に配慮し、テスト実施前の食事もできるだけ一定の条件となるように配慮する。

　初めて行ったテストの結果には、十分な信頼性があると考えるべきではない。

なぜなら、いくらテストのやり方について正しく説明がなされたとしても、ある程度テストに慣れるまでは、選手はどのようにすればよい結果を出せるのかの要領をつかめずにいるからである。

最大心拍数を測定するためにフィールド漸増負荷テストをするデンマーク代表チームの選手

2 テストの概要

表1に、テストの体力要素と、選手のレベルに応じてどのテストを採用するべきかについての概要を示した。

表1. 目的と対象レベルに応じたテストの選択

テストの目的	実施するテスト	該当ページ
間欠的持久力	Yo-Yo間欠的持久力テスト（Yo-Yo IE）	10
間欠的高強度運動能力	Yo-Yo間欠的回復能力テスト（Yo-Yo IR）	26
最大心拍数	フィールド漸増負荷テスト	44
最大下持久力テスト	Yo-Yo IEまたはYo-Yo IRテスト	45
スプリント能力	直線スプリントテスト、カーブ・スプリントテスト、クリエイティブ・スピードテスト	60、66、68
反復スプリント能力	直線スプリントテスト、カーブ・スプリントテスト	60、66
敏捷性	アローヘッド・アジリティーテスト、ショート・ドリブルテスト	71、73
爆発的パワー	カウンター・ムーブメント・ジャンプテスト、ファイブ・ジャンプテスト	78、83
筋力	スクワットテスト、ベンチプレステスト	84、89
バランス	ビーム・バランステスト	91
フットサル		93

男子選手

	間欠的持久力	間欠的高強度運動能力
ほぼ毎日トレーニングしているレベル	Yo-Yo間欠的持久力テストレベル2（Yo-Yo IE2）	Yo-Yo間欠的回復能力テストレベル2（Yo-Yo IR2）
	最大下Yo-Yo IE2	
週3日程度トレーニングしているレベル	Yo-Yo IE2	Yo-Yo間欠的回復能力テストレベル1（Yo-Yo IR1）
	最大下Yo-Yo IE2	
レクリエーショナルレベル	Yo-Yo IE1	Yo-Yo IR1
	最大下Yo-Yo IR1	
ユース（12〜16歳）	Yo-Yo IE1*	Yo-Yo-IR1
	最大下Yo-Yo IR1	
少年（8〜12歳）	Yo-Yo IE1	Yo-Yo-IE2
	最大下Yo-Yo間欠的持久力テストレベル1（Yo-Yo IE1）	

*ほぼ毎日トレーニングをしている14歳以上の選手はYo-Yo IE2も可。

女子選手

	間欠的持久力	間欠的高強度運動能力
ほぼ毎日トレーニングしているレベル	Yo-Yo IE2	Yo-Yo IR2
	最大下Yo-Yo IE2	
週3日程度トレーニングしているレベル	Yo-Yo IE1**	Yo-Yo IR1**
	最大下Yo-Yo IE1	
レクリエーショナルレベル	Yo-Yo IE1	Yo-Yo IR1
	最大下Yo-Yo IE1	
ユース（12〜16歳）	Yo-Yo IE1	Yo-Yo-IR1
	最大下Yo-Yo IE1	
少女（8〜12歳）	Yo-Yo IE1	Yo-Yo-IR1
	最大下Yo-Yo IE1	

**選手によってはYo-Yo IE2とYo-Yo IR2も可。

どのテストを選ぶかは競技レベルと年齢そして性別によって異なる。十分トレーニング経験を積んでいない選手やユース選手では、サッカーの間欠的持久力はYo-Yo間欠的持久力テストレベル1（Yo-Yo Intermittent Endurance Test Level1、以下、Yo-Yo IE1）で、そして間欠的高強度運動能力を測るにはYo-Yo間欠的回復能力テストレベル1（Yo-Yo Intermittent Recovery Test Level1、以下、Yo-Yo IR1）を用いることをお薦めする。トレーニング経験が長く、すでに高い競技レベルにある選手では、サッカーの持久力を調べるためにはYo-Yo間欠的持久力テストレベル2（以下、Yo-Yo IE2）を、間欠的高強度運動能力のテストにはYo-Yo間欠的回復能力テストレベル2（以下、Yo-Yo IR2）を使うとよい。女子選手の身体能力は男子に比べて一般的に弱い傾向にあるので、トレーニング経験が長い選手においても、Yo-Yo IR1を用いてもよいだろう。

最大下テストを行う場合、エリートレベルでない選手やユースレベルの選手はやや強度が弱いYo-Yo IE1を、またエリートレベルの選手においてはYo-Yo IE2やYo-Yo IR1を用いる。

スプリントトレーニングに取り組む選手

3 間欠的持久力の測定

　サッカーは何回もダッシュを繰り返すスポーツである。しかし、試合時間が長いこと、そして選手交代できる人数が限られていることから、サッカーには持久性の要素も大きく関わっている。サッカーの試合中の運動パターンは、ゲーム分析によって明らかにすることができる。試合中の活動を量的に調べる方法としては、複数のカメラを用いる方法やグローバルポジショニングシステム（GPS）を利用する方法がある。エリートレベルの試合においても、また、それよりやや低いレベルの試合においても、男子、女子ともに9〜14kmの総移動距離で、そのうち5〜8kmがランニングである。**図2**にはスペインエリートチーム選手の試合中の移動距離を15分間隔で示した。高強度でランニングしている距離が、疲労によって最後の15分間には減少していることが見てとれる。このことは、実際の試合の終盤にスプリント能力が低下するという知見によっても支持されている。また、選手は試合中にさまざまな異なる動きを、連続的に繰り返さなければならず、そのことがより多くのエネルギーを消費することになる。また、試合中の平均心拍数は、最大心拍数の75〜80％であることがわかっている。最大心拍数の75〜80％の運動強度というのは最大酸素摂取量の70〜75％に相当し（**図3**）、エネルギー消費量は試合中ずっと高いレベルにあることがわかる。このこ

図2　試合中の移動距離と試合中の高強度ランニングでの移動距離

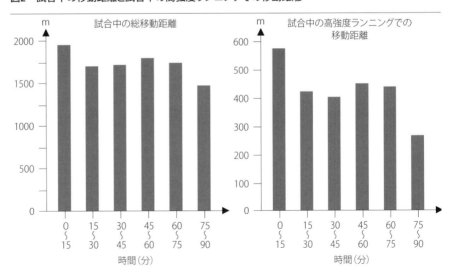

スペインのエリートチームのゲームで示された試合中の総移動距離（左）と高強度ランニング距離（右）を15分ごとに分けて示した。最後の15分間に大きく低下していることに注目。

図3　試合中の心拍数

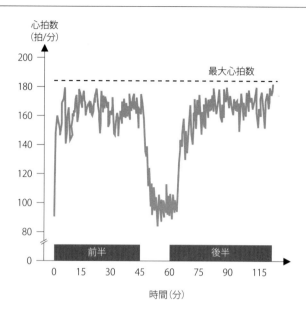

ある選手の試合中の心拍数。サッカーの試合の持つ間欠的な運動特性により心拍数は試合を通して安定しない。この選手の最大心拍数は点線で示した。

とから、サッカーの試合中は選手の持久力が試されることになり、疲労に耐える能力として持久力をテストすることの重要性が明らかになる。

　伝統的に、サッカー選手の持久力の測定には、最大酸素摂取量が用いられてきた。しかし、この最大酸素摂取量では、サッカーというスポーツの専門的な持久力を正確に測ることができない。さらに最大酸素摂取量は、個々の選手のシーズン中のパフォーマンス変化を反映する指標ではなく、シーズン中ほとんど変化しない。例えば、シーズン前にYo-Yo IE（Yo-Yo間欠的持久力テスト）が大きく改善したにもかかわらず、最大酸素摂取量がまったく、あるいはほとんど変化しなかったことが多くの研究で示されている（図4）。

　さらに、オーストラリアのサッカー選手に関する研究で、レギュラーの選手（先発メンバー）はサブの選手に比べてYo-Yo IR1で高い値を示したが、最大酸素摂取量では有意な差が見られなかった（図5）。したがって、サッカー選手の持久力は、Yo-Yo IEのような専門的な間欠的テストによって評価されるべきだということがわかる。また、Yo-Yo IE2（Yo-Yo間欠的回復能力テストレベル2）の結果と試合中の移動距離との間に相関関係があることから、Yo-Yoの結果がサッカーの試合における持久力を評価できることを示唆している。

　以下に、Yo-Yo IEの実施方法、テストによって引き起こされる生理学的応答、

図4　Yo-Yo IE2の記録と最大酸素摂取量トレーニングの効果

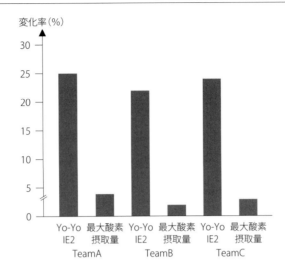

図は3つのエリートチームで見られたプレシーズンにおけるYo-Yo IE2の走行距離と最大酸素摂取量（VO_2-max）の変化率を示す。いずれのチームも最大酸素摂取量よりもYo-Yo IE2の記録のほうが著しく変化していることを示す。このことは、Yo-Yo IE2の結果のほうがサッカーのパフォーマンスに対して、より役立つ情報を与えてくれることを示している。

図5　Yo-Yo IR2と最大酸素摂取量のテストのレギュラーメンバーとサブメンバーの比較

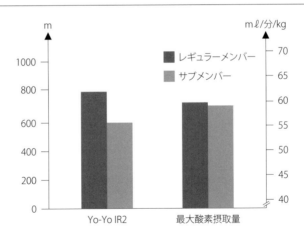

あるオーストラリアのサッカーチームにおけるYo-Yo IR2と最大酸素摂取量の結果をレギュラー選手（先発メンバー）とサブ選手（サブメンバー）で比較。Yo-Yo IR2の結果において、レギュラー選手は明らかにレギュラーでない選手よりも優れた成績を示しているが、最大酸素摂取量では両者にほとんど差がないことに注目。このことは、サッカー選手の能力はYo-Yo IR2の結果によって評価できることを示唆している。

エリート選手の結果から見たポジション特性、テスト結果の評価法、テスト結果から最大酸素摂取量を推定する方法、そして期分けによってシーズン中テスト結果がどのように変化するかについて解説する。

Yo-YoIE──サッカーの専門的持久力テスト

① テストのやり方

- **目的**：Yo-Yo IEは、サッカー選手が長時間にわたって間欠的に高強度運動を繰り返すための能力を評価する。
- **用意するもの**：テストの実施方法と合図の音はYo-Yo テストのCD-ROM（www.bangsbosport.com）にすべて含まれている（日本国内ではエスアンドシーコーポレーションwww.sandcplanning.comから入手可能）。その他、テストの実施には、CDプレイヤー、メジャー、マーカーもしくはライン、ストップウォッチおよび筆記用具が必要となる。
- **コース**：正確に20m離れた位置に2つのマーカーを設置する。3つ目のマーカーを「スタート」位置を示すマーカーの後方2.5mの位置に置く（図6）。多人数を同時に測定する場合、2m離してテストコースを平行に配列する。
- **実施方法**：Yo-Yo IEは、5秒の休息時間を挟んで5〜20秒のランニングを繰り返す。テスト終了までの時間は5〜20分を要する。市販されているYo-YoテストのCD-ROMには、テストの実施方法とランニングスピードをコントロールするためのビープ音信号が収録されている。テストの実施方法を簡単に記すと、選手はCDプレイヤーから発せられるビープ音信号が鳴るときにちょうど20m地点に到達するようにスピードをコントロールして走る。そして20m地点で方向を変え、次の信号でちょうどスタート地点のマーカーに到達するように走る。スタート地点で5秒間の休息が入る。この間に、後方2.5m地点に置かれた第3のマーカーを

図6　Yo-Yo IEのテストコース

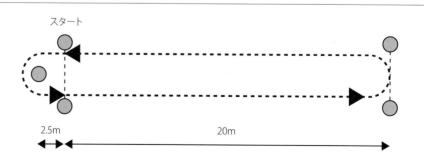

表2　Yo-Yo IE1のスピードレベル

スピードレベル	インターバル(本)／走行距離(m)							
1	1 40	2 80						
3	1 120	2 160						
5	1 200	2 240						
6	1 280	2 320	3 360	4 400	5 440	6 480	7 520	8 560
6.5	1 600	2 640	3 680	4 720	5 760	6 800	7 840	8 880
7	1 920	2 960	3 1000	4 1040	5 1080	6 1120	7 1160	8 1200
7.5	1 1240	2 1280	3 1320					
8	1 1360	2 1400	3 1440					
8.5	1 1480	2 1520	3 1560	4 1600	5 1640	6 1680		
9	1 1720	2 1760	3 1800	4 1840	5 1880	6 1920		
9.5	1 1960	2 2000	3 2040	4 2080	5 2120	6 2160		
10	1 2200	2 2240	3 2280	4 2320	5 2360	6 2400		
10.5	1 2440	2 2480	3 2520	4 2560	5 2600	6 2640		
11	1 2680	2 2720	3 2760	4 2800	5 2840	6 2880		
11.5	1 2920	2 2960	3 3000	4 3040	5 3080	6 3120		
12	1 3160	2 3200	3 3240	4 3280	5 3320	6 3360		
12.5	1 3400	2 3440	3 3480	4 3520	5 3560	6 3600		
13	1 3640	2 3680	3 3720	4 3760	5 3800	6 3840		
13.5	1 3880	2 3920	3 3960	4 4000	5 4040	6 4080		
14	1 4120	2 4160	3 4200	4 4240	5 4280	6 4320		

Yo-Yo IE1のスピードレベル（CD-ROMを使用時にアナウンスされる）を示す。テスト結果は走行距離（m）で示される。

ゆっくり走ってまわる。もし、選手がマーカーに到達するのが早すぎても次のスタート信号が鳴るまでスタート地点のマーカーのところで待っていなければならない。片方の脚だけに負担がかからないように、ターンをするたびに左右の足を入れ替えたほうがよいだろう。時間内にマーカー間の往復移動ができなくなるまで繰り返す。最初にスタート地点のマーカー内に時間までに入れなかったときに1回目の警告を管理者が告げる（イエローカード）。そして2回目にスタート地点

表3 Yo-Yo IE2のスピードレベル

スピードレベル	インターバル(本)／走行距離(m)							
8	1 40	2 80						
10	1 120	2 160						
12	1 200	2 400						
13	1 280	2 320	3 360	4 400	5 440	6 480	7 520	8 560
13.5	1 600	2 640	3 680	4 720	5 760	6 800	7 840	8 880
14	1 920	2 960	3 1000	4 1040	5 1080	6 1120	7 1160	8 1200
14.5	1 1240	2 1280	3 1320					
15	1 1360	2 1400	3 1440					
15.5	1 1480	2 1520	3 1560	4 1600	5 1640	6 1680		
16	1 1720	2 1760	3 1800	4 1840	5 1880	6 1920		
16.5	1 1960	2 2000	3 2040	4 2080	5 2120	6 2160		
17	1 2200	2 2240	3 2280	4 2320	5 2360	6 2400		
17.5	1 2440	2 2480	3 2520	4 2560	5 2600	6 2640		
18.0	1 2680	2 2720	3 2760	4 2800	5 2840	6 2880		
18.5	1 2920	2 2960	3 3000	4 3040	5 3080	6 3120		
19	1 3160	2 3200	3 3240	4 3280	5 3320	6 3360		
19.5	1 3400	2 3440	3 3480	4 3520	5 3560	6 3600		
20	1 3640	2 3680	3 3720	4 3760	5 3800	6 3840		
20.5	1 3880	2 3920	3 3960	4 4000	5 4040	6 4080		
21.0	1 4120	2 4160	3 4200	4 4240	5 4280	6 4320		

Yo-Yo IE2におけるスピードレベル（CD-ROMを使用時にアナウンスされる）を示す。テスト結果は走行距離（m）で示される。

に入れなかった段階でテスト終了（レッドカード）となる。**表2**、**3**を参照しながら、テスト終了となった本数から導き出した走行距離がその選手の記録となる。選手はマーカーをまわって走ってもよい。しかしテスト結果を比較するために、同じ方法で走ったテストでのみ比較すべきである。

●●●**2種類のレベル**：Yo-Yo IEには2種類のレベルがある。Yo-Yo IE1（レベル1）は、ユース、レクリエーショナルレベル、または中級者用であり、Yo-Yo IE2（レベル2）は、

図7　Yo-Yo IEの走速度

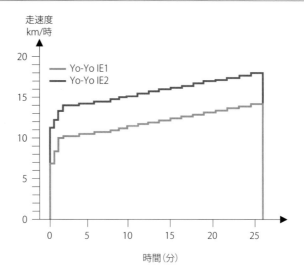

Yo-Yo IE1とYo-Yo IE2におけるスピードの増加を示している。Yo-Yo IE2のほうがYo-Yo IE1よりもテストの最初から速度が速いことに注目。

しっかりトレーニングを行っている競技選手とトップレベル向けとなっている。これら2つのテストの違いは、Yo-Yo IE2はYo-Yo IE1よりも速いスピードで走り出し、その後、速いスピードがずっと維持されているという点にある。Yo-Yo IE1は7km/時から始まり、徐々にスピードを上げていく（**図7**）。いっぽうYo-Yo IE2は、8km/時から開始し一気にスピードを上げ最初の2分以内に13km/時に達する。

●●●**テスト管理のためのヒント**：Yo-Yo IEの実施に対しては次のように指示するとよい。まず、5分間の一般的なウォームアップを行ったあと、CDプレイヤーから発せられるスピード指示のビープ音信号を聞いて後述する予行練習を行う。その際、ターンの仕方については、必ずどちらか一方の足がマーカー間のラインを踏むように、明確な指示を選手にはっきり伝える（**図8**）。

●●●**テスト管理者**：テストは管理者がいてもいなくても実施できるが、それぞれ両端のライン上に位置する2名の管理者がいることが望ましい。テストを実行している間、きちんとルールが守られているか、すなわち、信号音の鳴った時点で、足が指定の位置までちゃんと到達しているかどうかをチェックすることが重要となる。テストの信頼性は、選手が毎回きちんとマーカーまで到達しているかどうかによって決まる。テスト結果はテスト管理者の一人が記録する。

●●●**ウォームアップの方法**：5分間の一般的なウォームアップのあと、Yo-Yo IEの最初の3分間を試し、本番開始まで2分間休む。このアップのやり方によって、実

図8　Yo-Yoテストでターンする足の位置

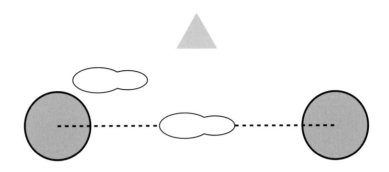

図はターンする際の足の位置を示す。一方の足がラインを踏むようにすること。

際のテスト開始後2〜3分間で望ましい筋温にまで上昇させられることが示されている。

②▶生理学的応答

　身体が取り込む酸素の量は心拍数から推定できることから、体力テスト中に有酸素性システムがどれくらい働いているかを評価するためには、心拍数の測定が有効である。Yo-Yo IEを行うと心拍数は徐々に増加し、最終的には最大心拍数に達する（図9）。このことは、テスト中の有酸素性システムに大きな負担がかかっていることを意味する。さらに、血液中の乳酸レベルもテストの終盤にはきわめて高くなる（約10mmoℓ/ℓ）。このことは、無酸素性システムも刺激されていることを意味する。したがって、Yo-Yo IEは、身体に強い負担のかかるテストであり、有酸素性能力と、さらに一部は無酸素性能力の評価に利用できるといえる。

③▶テスト結果の解釈

　しっかりトレーニングを積んだ成人の選手だと、Yo-Yo IE1の最後まで走りきってしまうことも可能だ。その場合は、Yo-Yo IE2でテストすることになる。したがって、Yo-Yo IE1は準エリートレベルやユース選手向けということになる。しかし、エリートチームに所属する若い選手で14歳以上ならば、Yo-Yo IE2を採用するべきである。

　男子のエリートレベルの選手の走行距離は、Yo-Yo IE2で1500〜3200m、平均2600m程度となる。女子のエリートレベルの選手は1000〜2500m、平均1500m程度となる（表4）。

　Yo-Yo IE2の成績は、試合中の総走行距離と高い相関関係を示すが（図10）、さらに高強度ランニングの量との間にも相関関係がある。Yo-Yo IEは、サッカーの

図9　Yo-YoIE1の心拍数

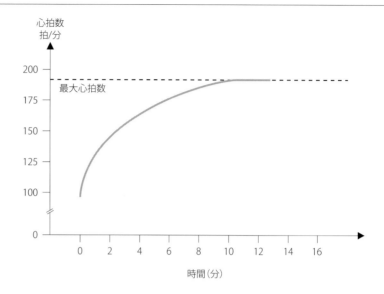

Yo-Yo IE1実施中の心拍数の変化。ランニングスピードが速くなるにつれて心拍数が徐々に上昇し、テストの最後には最大心拍数に到達する。

表4　男女エリート選手のYo-Yo IE2における走行距離の平均値と幅（m）

Yo-Yo IE2の走行距離（m）	
男子	2600（1500〜3200）
女子	1500（1000〜2500）

図10　試合中の総走行距離とYo-Yo IE2の走行距離との関係

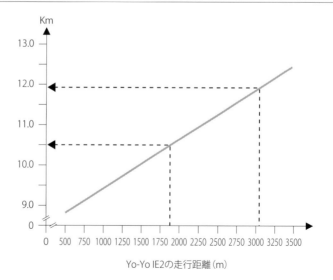

例えば、Yo-Yo IE2で1920m走った選手の走行距離は10.5km、3080m走った選手の走行距離は12.0kmと推測することができる。

表5　Yo-Yo IE1における、8〜10歳（男女）、11〜12歳（男女）、13〜14歳、15〜16歳の男子と女子それぞれの評価表（13歳未満の年齢では男子と女子はほぼ同じ評価となる）

8〜10歳（男女）
Yo-Yo IE1

距離（m）	評価
＞1680	すばらしい
1600〜1680	非常によい
1480〜1560	よい
1360〜1440	普通
1240〜1320	低い
＜1240	劣る

11〜12歳（男女）
Yo-Yo IE1

距離（m）	評価
＞2400	すばらしい
2280〜2400	非常によい
2080〜2400	よい
1880〜2040	普通
1680〜1840	低い
＜1680	劣る

13〜14歳
Yo-Yo IE1

男子

距離（m）	評価
＞3600	すばらしい
3440〜3600	非常によい
3200〜3400	よい
3000〜3160	普通
2800〜2960	低い
＜2800	劣る

女子

距離（m）	評価
＞3320	すばらしい
3120〜3320	非常によい
2920〜3080	よい
2720〜2880	普通
2520〜2680	低い
＜2520	劣る

D−15〜16歳
Yo-Yo IE1

男子

距離（m）	評価
＞4320	すばらしい
4120〜4320	非常によい
3920〜4080	よい
3720〜3880	普通
3520〜3680	低い
＜3520	劣る

女子

距離（m）	評価
＞4120	すばらしい
3920〜4120	非常によい
3720〜3880	よい
3520〜3680	普通
3320〜3480	低い
＜3320	劣る

表6 Yo-Yo IE2における男子選手と女子選手の評価表

Yo-Yo IE2
男子

距離（m）	評価
>3000	すばらしい
2800～3000	非常によい
2600～2800	よい
2000～2600	普通
1500～2000	低い
<1500	劣る

女子

距離（m）	評価
>2600	すばらしい
2200～2600	非常によい
1700～2200	よい
1200～1700	普通
800～1200	低い
<800	劣る

試合で必要となる持久力を反映することは明らかで、テスト結果からその選手の試合中の走行距離を予測することも可能となる（**図10**）。

表5に、Yo-Yo IE1におけるユース年代の年齢別評価表を示した。ただし、年齢別にユース年代の選手を評価する際には、成熟度と生物学的年齢を考慮しなければならない。

Yo-Yo IE1を最後まで走りきってしまう選手については、Yo-Yo IE2を用いて評価する。Yo-Yo IEレベル2の評価表は**表6**に示した。

④ 最大酸素摂取量の推定

Yo-Yo IE2の結果は最大酸素摂取量と相関がある。したがって、テスト結果に基づいて最大酸素摂取量を大まかに推定することができる。**図11**にこのための方法を示した。

⑤ ポジション特性

サッカーの試合中に、選手に要求される能力はそのポジションによって異なる。例えば、中盤の選手にはセンターバックやフォワードに比べてフィールドのより広い地域をカバーすることが求められる。このことはYo-Yo IE2の結果にも反映される。イングランドの男子トップ選手のデータを見ると、フォワード（約1800m）とセンターバック（約2000m）はサイド（約2400m）やセントラルミッドフィルダー（約2200m）と比べてYo-Yo IE2の成績が悪い（**図12**）。ただ、同じポジションであっても大きな個人差があり、このことは、個々の選手に適した体力トレーニングを計画するためには、ポジションとは関係なく、選手ごとに能力を調べることが不可欠であることを示している。

図11　Yo-Yo IE2のテスト結果と最大酸素摂取量の関係

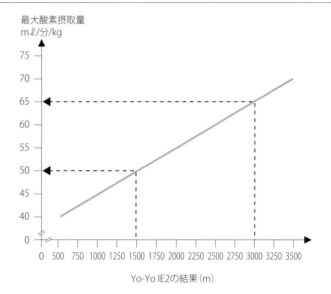

Yo-Yo IE2で1500m走った選手の最大酸素摂取量は50mℓ/分/kg、3000m走った選手は65mℓ/分/kgと推測することができる。

図12　Yo-Yo IE2のポジションによる比較

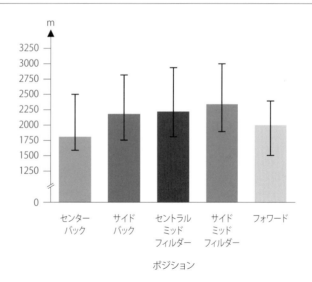

ポジション別に見たYo-Yo IE2の結果。棒グラフは平均値を表し、それぞれの最低値から最高値の範囲がその上に示されている。それぞれ大きなバラツキがある点に注目。

表7 年齢別に見た男子と女子の準エリート選手のYo-Yo IE1の走行距離

Yo-Yo IE1の結果（m）			
年齢（歳）	12	14	17
男子	1680	2200	3320
女子	1600	1840	2280

女子のエリート選手の結果は、平均が約1300mで範囲は800〜2400mの間にある。ポジション特性も男子と同様で、センターとサイドのミッドフィルダーがセンターバックとフォワードに比べて優れたテスト結果を示している。

⑥ 育成年代の選手

Yo-Yo IE1では、ランニングスピードが徐々に速くなっていくので、年齢の低い選手やレクリエーショナルレベルの選手の持久力を評価するのに適している。**表7**に年齢別に見た少年と少女のYo-Yo IE1の記録を示した。普通にトレーニングを積んだ17歳の少年の走行距離は約3300mであるが、同じ年齢でも女子の場合は約2300mである。17歳の選手は男子も女子も14歳の選手より優れたパフォーマンスを発揮し、14歳の選手は12歳と比べて高いパフォーマンスを発揮する。12歳では女子と男子の間に差は見られないが、14歳と17歳では男子選手は同年齢の女子選手よりも高い記録を示している。このように、16歳以下では、Yo-Yo IE1を用いて評価することができる。ただ、非常に高い持久力を持つ選手の場合、この年齢でもYo-Yo IE2で評価したほうがよいかもしれない。

ポルトガルの育成年代選手（U15、U17そしてU19）におけるYo-Yo IE2の結果では、年齢が上がるにつれてテスト結果もよくなることが報告されている。さらに、Yo-Yo IE2の結果では、大きな差が見られたU17とU19の間に、最大酸素摂取量では差が見られないことが示されている。この結果は、Yo-Yo IE2がサッカー選手の持久力の微妙な差を正しく評価するのに優れているということを改めて確認させてくれる。U19の男子エリート選手はYo-Yo IE2で2500m程度の走行距離を示すが、これは成人のエリート選手とほぼ同じ値である。U16エリート選手はYo-Yo IE2で平均1900mである。これも成人の準エリート選手レベルに相当する値である。

⑦ シーズン変化

Yo-Yo IEは持久的能力のシーズン変化を見るためにも活用することができる。例えばイングランドのU19のエリート選手は、シーズン開始前の段階で1700〜2400m、平均2170mの走行距離を示す。しかしその後、準備期の最初の段階で10％、さらに次の段階で15％向上させた（**図13**）。その後インシーズンの中間地点でピークに達し、インシーズン終盤には低下した。

図13　Yo-Yo IE2の時期による変化

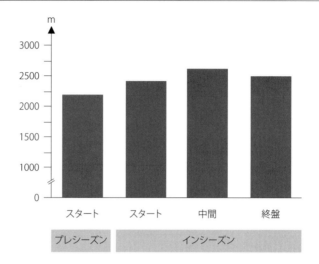

イングランドU19エリート選手におけるシーズン前とシーズン中のYo-Yo IE2の結果。インシーズン前とインシーズンの終盤はシーズンの中間点と比べて低いことに注目。

図14　Yo-Yo IE2のシーズン変化

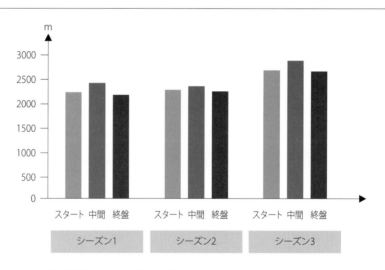

イングランドの育成年代選手（16～19歳）の3年間にわたるインシーズン中のYo-Yo IE2の結果。

　これらの結果から、Yo-Yo IEは、インシーズン中のサッカーのための専門的な持久力の微妙な変化を正確に把握できる機能を持つことを示している。イングランドの育成年代の選手（16～19歳）を3年連続でプレシーズンからインシーズン中にかけて測定したところ、3年目に最も優れた結果が得られた（**図14**）。こ

のことから、Yo-Yo IE1はサッカー選手の長期間にわたる持久力の発達をモニターするためにも有効であることがわかる。

⑧ ▶ 要約

　Yo-Yo IEは、おもに有酸素性エネルギーシステムに対する負荷テストである。しかしテストの終盤には、無酸素性システムの関与も観察される。このテストは、サッカー選手の持久力評価のために使えるほか、持久的パフォーマンスのシーズン変化をチェックするためにも活用できる。また、最大心拍数を知ることもでき、さらに最大酸素摂取量も大掛かりな実験室の装置を用いなくても推定することが可能である。加えて、Yo-Yo IEは、育成年代の選手たちの持久力の発達に関する情報も提供してくれる。

最大下Yo-Yo IE2を行うデンマーク代表チームの選手

4 間欠的高強度運動能力の測定

　サッカーですぐれたパフォーマンスを発揮するための最も重要な要素の1つに、高強度で運動を行う能力がある。各国代表クラスの選手は、その下のレベルにあるエリートレベルの選手と比較して、この高強度でのランニングおよびトップスピードでのスプリントの距離が明らかに長いということが示されており、これは男子でも女子で同様である（**図15**）。この差は、高強度運動からの回復能力に関係する、おもにハイスピードランニングの本数から説明できる（**表8**）。試合中の疲労は、試合を通して高強度運動がどのように変動するかによって評価することができる。試合の中での最も激しい動きが集中する時間帯において、選手

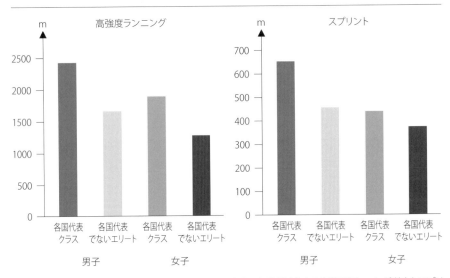

図15　試合中の高強度運動能力のレベルによる比較

各国代表クラスの選手とそれ以下のエリートレベルの選手における試合中の高強度ランニング（左）とスプリント（右）の距離。左側が男子、右側が女子。エリートレベルであっても、代表クラスの選手は高強度ランニングとスプリントの距離がさらに長いということに注目。

表8　各国代表クラスの選手とその下の各国代表でないエリート選手が1試合中に行った、ハイスピードランの平均本数と1本当たりの持続時間

ハイスピードランニング		
	各国代表クラス	各国代表でないエリート
本数	220	180
持続時間（秒）	2.4	2.4

持続時間にはまったく差がないが、各国代表クラスの選手はより多くのハイスピードランニングを行っている点に注目。

図16　試合中の高強度ランニング

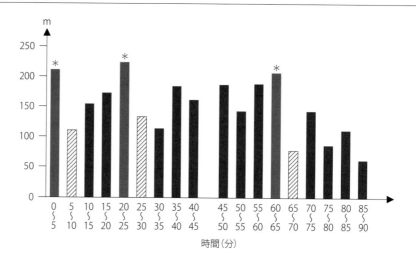

イタリア、セリエAのミッドフィルダーが試合中に高強度ランニングをした距離。＊で示された最も激しく動いた5分間（＊）のあと、ほとんど動けてないことがわかる（斜線で示した5分間）。

は激しいプレーによる一時的な疲労からすばやく身体を回復させて次の激しいプレーに備えなければならない。図16に、男子のエリート選手における5分ごとのハイスピードランニングの例を用いてこのことを示した。最初の＊で示された激しい5分間のあとの5分間に、この選手はハイスピードランニングがほとんどできなくなっている。これは、激しい動きが必要とされた試合開始時に行った高強度運動からの回復がそのあとで必要となるからである。

　この種の一時的な疲労は、キックオフからタイムアップに向けて徐々に蓄積していく疲労とは別物である。したがって、それぞれ異なる評価方法が必要となる。すばやく回復する能力が高ければ高いほど、その選手は新たな高強度の運動をすぐにまた繰り返すことができる。したがって、サッカー選手の回復能力を評価するためには、サッカー特有の激しい運動を行う能力を評価できるテストを実施しなければならない。

　サッカーの試合中に観察される高強度でのランニング距離は5〜70mの範囲にあるが、そのほとんどは20m以下である。しかも、試合中の動きには加速、減速、そして方向転換が常に必要とされる。したがって、サッカーのための専門的なテストにはこうした条件がすべて含まれていなければならない。

　エリートレベルの選手による1試合中の高強度ランニングのスピードは時速14〜21kmの範囲にある。したがって、サッカー選手のための間欠的高強度テストでは、このスピードに挑戦させるようなテストを実施する必要がある。こうした条件をすべて備えているのがYo-Yo IR（Yo-Yo 間欠的回復力テスト）である。こ

図17　Yo-Yo IR1とIR2のリーグ内順位による比較

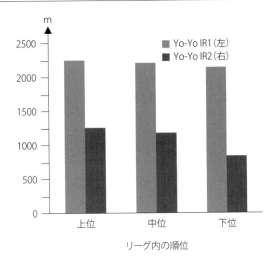

リーグ内順位が上位の3チーム、中位チーム、下位の3チームにおけるYo-Yo IR1（左）とYo-Yo IR2（右）の結果。上位3チームが下位3チームに比べてYo-Yo IR2において有意に優れた結果を示すことに注目。この結果から、Yo-Yo IR2のテスト結果は同一リーグに所属するチームのプレーの質の違いを反映することを示す。

のテストによって、サッカーの試合中と同じような回復能力と高強度ランニングを繰り返す能力が測定できる。レクリエーショナルレベルのチームからプロチームまでYo-Yo IRが最も広く利用されている理由はここにある。

　Yo-Yo IRには2つのレベルがある。最近の研究で北欧のプロリーグに所属するチームの全選手に対してYo-Yo IR1とYo-Yo IR2の両方のテストを実施した。その結果、リーグの上位3チームは下位3チームに比べて有意に高いYo-Yo IR2の値を示したが、Yo-Yo IR1には大きな差が示されなかった（図17）。

　以上のことから、Yo-Yo IR2はエリートレベルの選手におけるサッカーのパフォーマンスを正確に測定できるテストであり、同じリーグ内のプレーレベルの差を識別することが可能であるといえる。このことは、同じ国の上位リーグに所属するチームの選手が下位リーグに所属する選手よりも優れたYo-Yo IR2のテスト結果を示すことによっても裏付けられている。さらに、この研究では、U19のエリートチームの選手は、成人の2部や3部のチームの選手とほとんど変わらないパフォーマンスレベルにあるが、トップリーグの選手には劣るということが示されている（図18）。

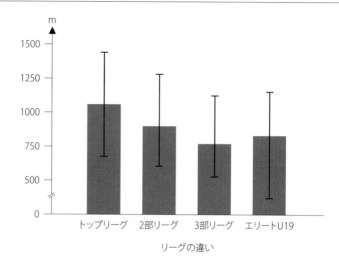

図18　Yo-Yo IRの競技レベルによる比較

ヨーロッパのある国のトップリーグの選手、2部リーグチーム、3部リーグチーム、およびエリートレベルのU19選手のYo-Yo IR2のテスト結果。垂直線はデータの範囲を示す。トップリーグの選手は他の3グループよりも優れた結果を示している。また、U19の選手でも成人の2部や3部リーグの選手とほぼ同じパフォーマンスを示すことに注目。

Yo-Yo IR——サッカーの専門的高強度運動反復能力テスト

①▶テストのやり方

●●●**目的**：サッカーの試合と同じ運動様式である、反復する高強度運動からの回復能力を評価する。

●●●**用意するもの**：テストの実施方法と合図の音はCD-ROM（www.bangsbosport.com）にすべて含まれている（日本国内ではエスアンドシーコーポレーション www.sandcplanning.comから入手可能）。その他、テストの実施には、CDプレイヤー、メジャー、マーカーもしくはライン、ストップウォッチおよび筆記用具が必要となる。

●●●**コース**：正確に20m離れた位置に2つのマーカーを設置する。3つ目のマーカーを「スタート」位置を示すマーカーの後方5mの位置に置く（**図19**）。多人数を同時に測定する場合、2m離してテストコースを平行に配列する。

●●●**実施方法**：Yo-Yo IRは、一定の休息時間（10秒間）を挟んで20mの往復走を繰り返す。テスト終了までの時間は、トレーニング状態によっても異なるが、一般的に5〜15分を要する。市販されているYo-YoテストのCD-ROMには、テストの実施方法とランニングスピードをコントロールするためのビープ音信号が収録さ

図19　Yo-Yo IRのテストコース

れている。テストの実施方法を簡単に記すと、選手はCDプレイヤーから発せられるビープ音信号が鳴るときにちょうど20m地点に到達するようにスピードをコントロールして走る。そして20m地点で方向を変え、次の信号でちょうどスタート地点のマーカーに到達するように走る。スタート地点で10秒間の休息が入る。この間に、後方5m地点に置かれた第3のマーカーをゆっくり走ってまわる。もし、選手がマーカーに到達するのが早すぎても、次のスタート信号が鳴るまでスタート地点のマーカーのところで待っていなければならない。片方の脚だけに負担がかからないように、ターンをするたびに左右の足を入れ替えたほうがよいだろう。時間内にマーカー間の往復移動ができなくなるまで繰り返す。最初にスタート地点のマーカー内に時間までに入れなかったときに1回目の警告を管理者が告げる（イエローカード）。そして2回目にスタート地点に戻れなかった段階でテスト終了（レッドカード）となる。**表9、10**を参照しながらテスト終了となった本数から導き出した走行距離がその選手の記録となる。選手はマーカーをまわって走ってもよい。しかし、テスト結果を比較するために、同じ方法で走ったテストでのみ比較すべきである。

●●●**2種類のレベル**：Yo-Yo IRには2種類のレベルがある。Yo-Yo IR1（レベル1）は、ユース、レクリエーショナルレベル、または準エリート選手用であり、Yo-Yo IR2（レベル2）は、しっかりトレーニングを行っている選手とエリートレベル向けとなっている。これら2つのテストの違いは、Yo-Yo IR2はYo-Yo IR1よりも速いスピードで走り出し、その後、速いスピードがずっと維持されているという点にある。Yo-Yo IR1はYo-Yo IR2の13km/時よりも遅い10km/時から始まり、徐々にスピードが上昇していく（**図20**）。

●●●**テスト管理のためのヒント**：Yo-Yo IRの実施に対しては次のように指示するとよい。まず、5分間の一般的なウォームアップを行ったあと、CDプレイヤーから発せられるスピード指示のビープ音信号を聞いて後述する予行練習を行う。その際、

表9　Yo-Yo IR1のスピードレベル

スピードレベル	インターバル(本)／走行距離(m)							
5	1 40							
9	1 80							
11	1 120	2 160						
12	1 200	2 240	3 280					
13	1 320	2 360	3 400	4 440				
14	1 480	2 520	3 560	4 600	5 640	6 680	7 720	8 760
15	1 800	2 840	3 880	4 920	5 960	6 1000	7 1040	8 1080
16	1 1120	2 1160	3 1200	4 1240	5 1280	6 1320	7 1360	8 1400
17	1 1440	2 1480	3 1520	4 1560	5 1600	6 1640	7 1680	8 1720
18	1 1760	2 1800	3 1840	4 1880	5 1920	6 1960	7 2000	8 2040
19	1 2080	2 2120	3 2160	4 2200	5 2240	6 2280	7 2320	8 2360
20	1 2400	2 2440	3 2480	4 2520	5 2560	6 2600	7 2640	8 2680
21	1 2720	2 2760	3 2800	4 2840	5 2880	6 2920	7 2960	8 3000
22	1 3040	2 3080	3 3120	4 3160	5 3200	6 3240	7 3280	8 3320
23	1 3360	2 3400	3 3440	4 3480	5 3520	6 3560	7 3600	8 3640
24	1 3680	2 3720	3 3760	4 3800	5 3840	6 3880	7 3920	8 3960

Yo-Yo IR1のスピードレベル（CD-ROMを使用時にアナウンスされる）を示す。テスト結果は走行距離（m）で示される。

ターンの仕方については、必ずどちらか一方の足がマーカー間のラインを踏むように、明確な指示を選手にはっきり伝える（図8、P.14参照）。

●●●**テスト管理者**：テストは管理者がいてもいなくても実施できるが、それぞれ両端のライン上に位置する2名の管理者がいることが望ましい。テストを実行している間、きちんとルールが守られているか、すなわち、信号音の鳴った時点で、足が指定の位置までちゃんと到達しているかどうかをチェックすることが重要となる。テストの信頼性は、選手が毎回きちんとマーカーまで到達しているかどうかによって決まる。テスト結果はテスト管理者の一人が記録する。

●●●**ウォームアップの方法**：5分間の一般的なウォームアップのあと、Yo-Yo IR1を実施する際にはYo-Yo IE1（Yo-Yo間欠的持久力テストレベル1）を3分間、Yo-Yo IR2

表10　Yo-Yo IR2のスピードレベル

スピードレベル	インターバル（本）／走行距離（m）							
11	1 40							
15	1 80							
17	1 120	2 160						
18	1 200	2 240	3 280					
19	1 320	2 360	3 400	4 440				
20	1 480	2 520	3 560	4 600	5 640	6 680	7 720	8 760
21	1 800	2 840	3 880	4 920	5 960	6 1000	7 1040	8 1080
22	1 1120	2 1160	3 1200	4 1240	5 1280	6 1320	7 1360	8 1400
23	1 1440	2 1480	3 1520	4 1560	5 1600	6 1640	7 1680	8 1720
24	1 1760	2 1800	3 1840	4 1880	5 1920	6 1960	7 2000	8 2040
25	1 2080	2 2120	3 2160	4 2200	5 2240	6 2280	7 2320	8 2360
26	1 2400	2 2440	3 2480	4 2520	5 2560	6 2600	7 2640	8 2680
27	1 2720	2 2760	3 2800	4 2840	5 2880	6 2920	7 2960	8 3000
28	1 3040	2 3080	3 3120	4 3160	5 3200	6 3240	7 3280	8 3320

Yo-Yo IR2のスピードレベル（CD-ROMを使用時にアナウンスされる）を示す。テスト結果は走行距離（m）で示される。

図20　Yo-Yo IRのランニングスピード

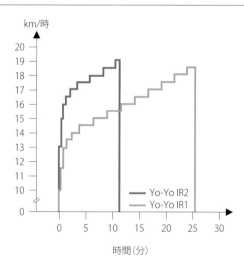

Yo-Yo IR2はYo-Yo IR1に比べてより速いスピードでテストを開始し、スピードの上昇度も大きいことに注目。

4　間欠的高強度運動能力の測定

Yo-Yo IRを実施する選手

を実施する際にはYo-Yo IR1を1分間行い、その後、実際のテスト開始まで2分間休む。

② ▶ 生理学的応答

　Yo-Yo IRでは、心拍数は開始後急激に上昇し、テスト終了時には最大心拍数に達する。このことから、このテストが有酸素性エネルギーシステムに対して非常に高い負荷をかけることがわかる（図21）。テストの前後に大腿部の筋肉からサンプルを抽出（筋バイオプシー）し、乳酸の蓄積と筋肉中のエネルギー源であるクレアチンリン酸の分解レベルから、Yo-Yo IRに無酸素性エネルギーシステムがどれくらい関与しているかを調査した。図22から、筋中乳酸蓄積率とクレアチンリン酸利用率が非常に多いことがわかる。特にYo-Yo IR2ではこのことが顕著である。また、血中乳酸レベルも高いことが示されている（図23）。このように、Yo-Yo IRには無酸素性エネルギーシステムが著しく関与していることが示されている。つまり、このテストは高強度間欠的運動の遂行能力を評価するものであるが、同時に無酸素性エネルギーシステムも強く関与するため、十分トレーニングを積んだ成人選手を対象としたテストであるといえる。また、男女に関わらず、レクリエーショナルレベルの選手や、ほどほどにトレーニングを積んだ選手は、Yo-Yo IR1でも無酸素性エネルギーシステムに大きな負担を強いることになるため、無酸素性テストの1つとして利用することができる。

図21　Yo-Yo IR1における心拍数

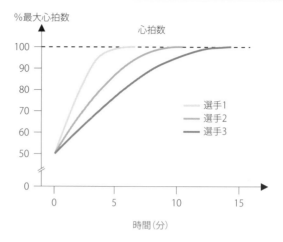

異なるパフォーマンスレベルにある3名の選手がYo-Yo IR1を実施したときの心拍数。テストの最後には全員、最大心拍数に達していることがわかる。

図22　Yo-Yo IRに対する筋肉の反応

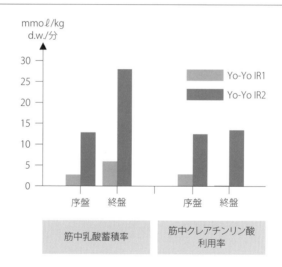

このグラフは、1分間当たりに筋中に乳酸が蓄積していく量（左）と、筋肉中でクレアチンリン酸が利用される量（右）を示している。どの数値もYo-Yo IR2のほうがYo-Yo IR1よりも高く、Yo-Yo IR2の無酸素性エネルギーの関与が大きいという特質を物語っている。また、図には示されていないが、トレーニングレベルがやや低い選手では、トレーニングレベルの高い選手がYo-Yo IR2で示すのと同じような反応がYo-Yo IR1でも見られる。

③ ▶ テスト結果の解釈

　　男子の各国代表クラスの選手の走行距離はYo-Yo IR1で2000〜3000mの範囲、

図23　Yo-Yo IRにおける血中乳酸

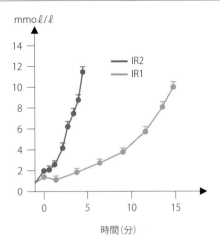

よくトレーニングされた男子選手のYo-Yo IR1とYo-Yo IR2中の血中乳酸値の変化。よくトレーニングされた選手であっても、Yo-Yo IR2のほうがYo-Yo IR1よりも血中乳酸濃度が速く上昇することに注意。

平均で約2500mとなる。女子では、1400～2000mの範囲で、平均1700mとなる。一般的なエリートレベルの選手は、各国代表クラスの選手よりも値が低くなり、男子で2200m、女子で1400m程度である。準エリートレベルになると、2000m以下、女子で1200m以下となる（**図24**）。

Yo-Yo IR2では、男子の各国代表クラスの選手の走行距離は、1000～1600mの範囲で、平均約1400mであり、エリートレベルの選手よりも高い値を示す（**図25**）。また、フェロー諸島A代表の選手は、同U21の選手よりもYo-Yo IR2で優れた結果（それぞれ1200mと1040m）を示したという報告がある。

表11と**表12**に、トップクラスの選手から得られたデータを基に作成されたYo-Yo IR1とYo-Yo IR2の評価表を示す。

エリートレベルの選手におけるYo-Yo IR1のテスト結果は、男子、女子ともに、実際に試合中に示される高強度ランニングの距離と相関関係にあることが示されている（**図26**）。したがって、このテストを行うことによって、試合中に激しい動きを継続する能力についての妥当な情報が得られ、個々の選手のテスト結果に基づいて、実際の試合中にその選手が高強度ランニングで走行できる距離を推定することも可能となる。さらに、Yo-Yo IR1の結果は、男子でも女子でもゲームの最後の15分間の高強度ランニングの距離とも相関していた（**図27**）。このことから、優れたYo-Yo IR1のスコアを持つ選手は、試合の終盤に向けても依然として高い強度で激しい運動を継続する能力に優れていることになり、この重要な時間帯において疲労に打ち勝つための高い能力を持っていることになる。

図24　Yo-Yo IR1の競技レベルによる比較

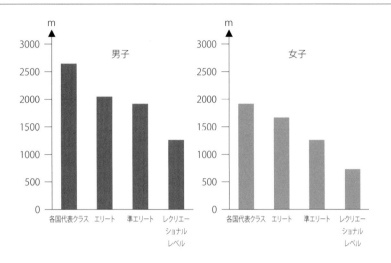

異なる競技レベルにあるYo-Yo IR1の結果。

図25　Yo-Yo IR2の競技レベルによる比較

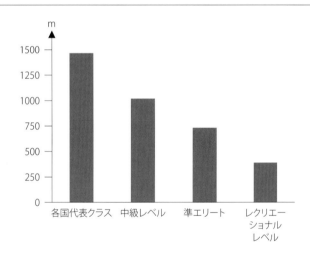

異なる競技レベルにある男子選手のYo-Yo IR2の結果。

　各国代表クラスの選手において、ハイレベルなゲーム中、最も高強度に運動した5分間の距離と、そのゲームに出場した選手のYo-Yo IR2の結果に相関があることが示された（**図28**）。このことから、Yo-Yo IR2の結果は、試合中の短い時間に高強度運動を遂行する能力、高強度に運動している試合の時間帯での無酸素性エネルギーシステムが大きく関与して疲労を遅らせる能力を反映する。したがって、

表11　Yo-Yo IR1の男子と女子の評価表

Yo-Yo IR1
男子

距離（m）	評価
＞3000	すばらしい
2760〜3000	非常によい
2600〜2720	よい
2200〜2560	普通
1800〜2160	低い
＜1800	劣る

女子

距離（m）	評価
＞2600	すばらしい
2200〜2560	非常によい
1800〜2160	よい
1520〜1760	普通
1200〜1480	低い
＜1200	劣る

表12　Yo-Yo IR2の男子と女子の評価表

Yo-Yo IR2
男子

距離（m）	評価
＞1600	すばらしい
1400〜1560	非常によい
1200〜1360	よい
1000〜1160	普通
800〜960	低い
＜800	劣る

女子

距離（m）	評価
＞1200	すばらしい
1000〜1160	非常によい
800〜960	よい
680〜760	普通
560〜640	低い
＜560	劣る

Yo-Yo IR2の結果から、実際の試合中最も高強度に運動した5分間の距離を推定することが可能となる（**図28**）。

④ ▶ ポジション特性

　Yo-Yo IRのパフォーマンスは、選手のポジションによっても異なる。Yo-Yo IR1において男子のエリートレベルのセンターバックとフォワードの選手（約2100m）は、サイドバックやミッドフィルダー（約2500m）に比べて走行距離が短い。また、女子選手においてもセンターバックは他のフィールドプレーヤーに比べて走行距離が短い（**図29**）。しかしながら、これらのポジションにおいて

図26　Yo-Yo IR1の結果と試合中の高強度ランニングとの関係

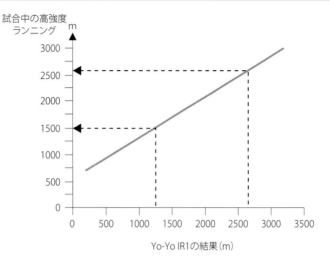

Yo-Yo IR1で1200mと2660mを記録した選手は、それぞれ試合中高強度ランニングの推定走行距離が1500mと2575mということになる。

図27　Yo-Yo IR1の結果とゲーム終盤における高強度ランニングとの関係

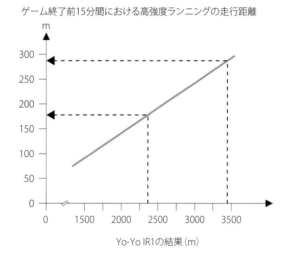

図は、Yo-Yo IR1の結果がゲーム終了前15分間における高強度ランニングの走行距離と相関することを示す。このことから、Yo-Yo IR1の結果によって、試合終盤に選手がどれだけ高強度で走れるかという情報が得られることがわかる。Yo-Yo IR1の結果が2400mの選手と3440mの選手の例を示した。試合終了前15分間における高強度ランニングの距離はそれぞれ、180mと290mと推測できる。

図28　Yo-Yo IR2の結果と試合中最も高強度に運動した5分間の走行距離との関係

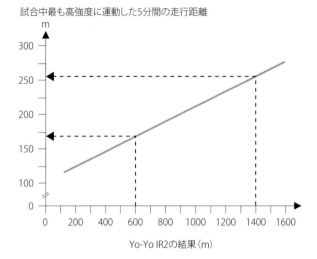

Yo-Yo IR2で600mと1400m走った選手は、試合中最も高強度に運動した5分間の距離が、それぞれ170mと255mであると推測できる。

図29　Yo-Yo IR1結果のポジションによる違い

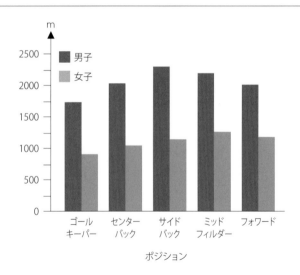

男子ではサイドバックとミッドフィルダーが最も長い距離を走れるが、女子ではミッドフィルダーとフォワードが最もよい記録を示している。

も大きな個人差がある。Yo-Yo IR2では、男子のミッドフィルダー、サイドバックそしてセンターバックの選手の走行距離は、平均で1200〜1500m、フォワードはそれより短く、1000〜1200mであった（図30）。女子では、ミッドフィル

図30　Yo-Yo IR2結果のポジションによる違い

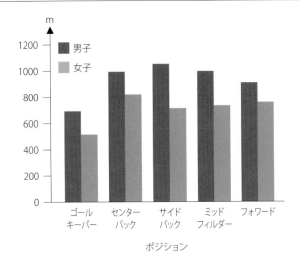

Yo-Yo IR2では、センターバックが、サイドバックやミッドフィルダーと同等の結果を示すことに注目。

図31　ポジションごとのYo-Yo IR1とIR2の結果と個人差

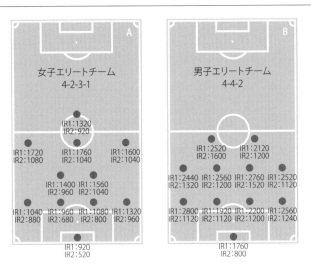

4-2-3-1でプレーした女子のエリートチームならびに、4-4-2でプレーした男子のエリートチームにおけるYo-Yo IR1とYo-Yo IR2の結果。選手間の個人差があり、同じポジションにおいても大きな差があることに注目。

ダーとサイドバックがフォワードとセンターバックの選手と同様の結果であった。Yo-Yo IR1では、同じポジションの選手であっても大きな個人差が見られる。**図31**に、女子と男子のエリートチームにおけるスターティングメンバーのYo-Yo

図32　Yo-Yo IR1の結果に対する年齢の影響

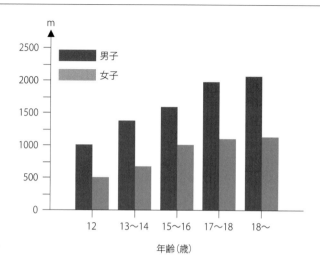

さまざまな年齢の女子と男子におけるYo-Yo IR1の結果。

表13　年齢別のエリートレベル選手（男子）におけるYo-Yo IR2の結果

年齢（歳）	13	14	15	16	17	18
Yo-Yo IR2（m）	420	683	733	814	953	1172

IR1とYo-Yo IR2の結果を示した。女子チームは4-2-3-1システム、男子は4-4-2システムを採用していた。

⑤ 育成年代の選手

　育成年代の選手では、その年齢によってYo-Yo IR1の結果に違いが出る（**図32**）。男子も女子も年齢が上がるにつれてテスト結果も向上するが、女子の場合、17歳で頭打ちになるようである。しかし、男子は18歳まで記録は伸びる。どの年齢においても男子が女子の結果を上まわっている。例えば、12歳の少年はYo-Yo IR1で平均1000mの走行距離であるが、同じ年齢の女子は500mである。**表13**は、男子のエリート選手において、年齢が上がるにつれてYo-Yo IR2の結果が向上していくのがわかる。さらに最近の研究で、16～17歳の男子選手のYo-Yo IR2の結果が、同じクラブのより年長の選手よりも30％も低いという結果が示された。このことからYo-Yo IR2のパフォーマンスは、10代後半以降もさらに向上し続けることがわかる。

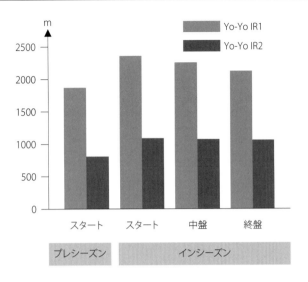

図33 Yo-Yo IRのシーズン変化

ある男子エリートチームのプレシーズンとインシーズン中におけるYo-Yo IR1とYo-Yo IR2の結果。インシーズン開始時に大きく向上したあと、シーズン中に徐々に低下していくことに注目。

⑥ シーズン変化

　　Yo-Yo IR1とYo-Yo IR2の結果が1年間でどのように変化するかについて追跡すると、エリート選手は、プレシーズンからインシーズンにかけて、Yo-Yo IR1で約25％、Yo-Yo IR2では40％も改善する（**図33**）。ただし、こうしたシーズン変化には大きな個人差がある。**図34**は3名のエリート選手の例であるが、Yo-Yo IR2においてそれぞれ異なる変化を示している。選手3は、プレシーズンが開始した時点ですでに優れた記録を持っていたが、シーズン中さらに記録を向上させている。選手1は、プレシーズンからインシーズン開始時にかけて、選手3と同様の改善を見せたが、その以降のさらなる改善は見られない。いっぽう、選手2は、インシーズン開始までに記録を向上させたが、インシーズン中に低下させてしまった。このように、Yo-Yo IRは明確に個人ごとのシーズン全体にわたるパフォーマンスの変化を検出できる。したがって、頻繁にテストを実施し、その結果をトレーニング計画に活用することが重要である。Yo-Yo IRのテスト結果に見られる変化は、体力トレーニングの量と密接に関係している。**図35**には、U20 女子ワールドカップに向けたチームの10カ月にわたるYo-Yo IR1の記録の変化を示した。このチームの選手たちがトレーニング計画に基づいて、定期的な体力トレーニングを実行する中、確実に走行距離を伸ばしていったことが示されている。最近の研究では、プレシーズンに行われた最初の親善試合から最後の親善試合での試合中の高強度ランニング距離の向上率（25 ～ 30％）と、同時期のYo-Yo IR1の向

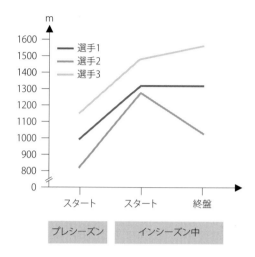

図34　Yo-Yo IR2のシーズン変化における個人差

3名の男子エリート選手におけるシーズン開始前からシーズン中にかけてのYo-Yo IR2のパフォーマンス変化。それぞれ異なる変化パターンを示し、プレシーズンからインシーズン開始時にかけて3名とも記録を向上させているが、選手3はシーズン中さらに向上し続けたのに対して、選手2は低下させている。

上率がほぼ同じであることを示している（図36）。この時期のトレーニングでは、有酸素性トレーニングに重点が置かれていた。これと類似した研究として、レフェリーを対象とした有酸素性の高強度トレーニングによって、Yo-Yo IR1のテスト結果が向上し、これと並行して試合中のフィジカル・パフォーマンスも向上したという結果も報告されている。このように、サッカーの有酸素性トレーニングの効果はYo-Yo IR1で評価することができる。

⑦ 要約

Yo-Yo IRは、サッカー選手の専門的な疲労耐性と高強度運動からの回復能力において、信頼性の高い有益な情報を提供してくれる。Yo-Yo IRの結果は、サッカーの試合中の高強度ランニングのパフォーマンスと相関関係があり、選手が試合中に激しい動きを反復するための能力評価に用いることが可能である。また、身体的パフォーマンスのシーズン変化の評価にも利用できる。さらに、Yo-Yo IRを用いて最大心拍数を調べることも可能である。

図35　Yo-Yo IR1のシーズン変化

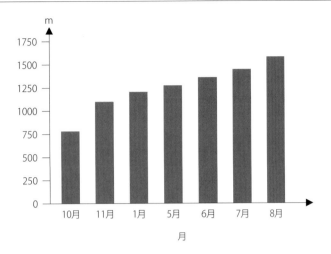

U20の女子代表チームにおけるワールドカップに向けた10カ月間のトレーニング期間中に見られたYo-Yo IR1の変化。全期間を通じて漸進的に向上させている点に注目。

図36　Yo-Yo IR1と試合中の高強度ランニングのプレシーズンにおける向上率

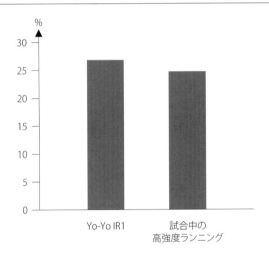

プレシーズンの開始時から終了時までのYo-Yo IR1と試合中のハイスピードランニングの距離における相対的向上率。両者で同程度の向上がみられる点に注目。

5 最大心拍数を知る

　トレーニング中に測ることのできる心拍数を効果的に活用するためには、チーム内の各選手の最大心拍数を知る必要がある。なぜなら、最大心拍数は選手一人ひとりみんな違うからだ。ヨーロッパのトップクラスに位置するチームの10名の選手から得られた表14の数値を見ても、このことは明らかである。ほとんどの選手の最大心拍数は190〜200拍/分の範囲にあるが、中には非常に低い（166拍/分）選手や、逆に非常に高い（212拍/分）選手もいる。

　表15に示したように、最大心拍数はさまざまな方法で測定することができる。例えば、トレッドミルという室内ランニングマシーンで走るスピードを徐々に増していき、疲労困憊まで走らせたときの心拍数によって最大心拍数を正確に測ることができる。男子のエリート選手では、14km/時で2分間走ったあと、16km/時で30秒走らせ、その後、疲労困憊するまで30秒ごとに1km/時ずつスピードを上げていく。女子のエリート選手では、13km/時で2分間のランニングから開始し、その後、30秒ごとに1km/時ずつスピードを上げる。ユース選手やレクリエーショナルレベルの選手では、開始速度は選手の能力に合わせて変える必要があり、漸増させていく時間やスピードも変更してもよい。いずれにせよ、この方法で最大心拍数を知るためにはトレッドミルが必要で、一度に一人しか測定できないため時間もかかる。

　これまで、Yo-Yo IE（Yo-Yo間欠的持久力テスト）とYo-Yo IR（Yo-Yo間欠的回復力テスト）のどちらを用いても、サッカー選手においては最大心拍数が測定できることを示した。この方法で最大心拍数を測定する利点はチーム全体の選手を一度に測定でき、しかもほぼ10分以内に完了するということである。すでに紹介した図21（P.31参照）では、異なるトレーニングレベルにある3名の選手の

表14　ヨーロッパトップクラスに位置するチームの10名の選手における最大心拍数

最大心拍数											
選手	1	2	3	4	5	6	7	8	9	10	
（拍/分）	166	185	191	195	195	198	199	205	208	212	

選手によって大きな開きがある点に注目

表15　最大心拍数を測定するためのさまざまな方法

Yo-Yo IE
Yo-Yo IR
速度漸増トレッドミルテスト
速度漸増フィールドテスト

図37　フィールド漸増負荷テストのコース

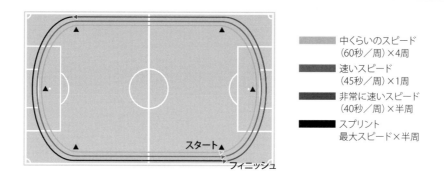

Yo-Yo IR1における心拍数を示している。選手1は、低い体力レベルであり、5分ほどで疲労困憊してしまったのに対して、選手2と選手3は、より長く走り続けることができた。にもかかわらず3名ともその最大心拍数は同じであることがわかる。この方法とは別に、簡単に最大心拍数を知る方法を以下に紹介する。

フィールド漸増負荷テスト

① テストのやり方

- **目的**：最大心拍数を測る。
- **実施方法**：フィールド漸増負荷テストによる最大心拍数計測のためには、図37に示したようなコースを用いる（1周約300m）。最初の4周を中くらいの速さで走る（エリートレベルの選手で60秒/周）。次に速いスピード（約45秒/周）で1周走り、次の半周をさらに速いスピード（約40秒/周）で走り、最後の半周を最大スピードで走る。走り終わった直後にハートレイトモニターで心拍数または指先で脈拍をカウントする。脈拍で測定する場合は、15秒の脈拍を数え、それを4倍する。このテストには6〜10分を要する。チーム全体で実施する場合、全選手が同時にスタートするのではなく、15秒間隔でスタートするとコース上での混乱を避けることができる。

② 要約

最大心拍数は、Yo-Yo IEまたはYo-Yo IRをすることで計測可能である。また、その代わりとして、走る速さを徐々に増すフィールド漸増負荷テストを用いてもよいだろう。

6 最大下テストによる持久力の測定

　ハードスケジュールで試合が続くようなときに、選手を疲労困憊に追い込むようなテストは誰しもやりたくない。そういうときには、疲労困憊まで追い込まないテスト、いわゆる最大下で行う体力テストが有用となる。このテストでは、走行距離ではなく、心拍数の応答度合いがテスト結果となる。テスト中に心拍数の上昇が低ければ低いほど、持久的によりよい状態であると判断する。選手間の心拍応答を比較するためには、この最大下テストが終了した時点での心拍数の最大心拍数に対する割合（相対的心拍数）が用いられる。計算方法は以下のとおり。

　　相対的心拍数（%）＝（テスト終了時の心拍数÷最大心拍数）×100

　例えば、ある選手の最大心拍数が194拍/分で、テスト終了時の心拍数が162拍/分だとすると、相対的心拍数は83.5%となる。

　最大下Yo-Yo IE2（Yo-Yo間欠的持久力テストレベル2）のテスト終了時の相対的心拍数は、通常の完全なYo-Yo IE2の走行距離と反比例することが研究の結果わかっている。つまり、相対的心拍数が低い選手ほど、テストの結果がよいのである。同様に、Yo-Yo IR1（Yo-Yo間欠的回復能力テストレベル1）開始6分後の相対的心拍数も、通常のYo-Yo IR1における走行距離と反比例する。したがって、通常のYo-Yo IE2とYo-Yo IR1のテストパフォーマンスは、これらの最大下バージョンのテスト結果によっても推定できることになる。さらに、エリート選手では、Yo-Yo IE2開始6分後の相対的心拍数が、公式試合中のハイスピードでの走行距離と反比例することが示された（**図38**）。また、女子選手においても、Yo-Yo IR1の最大下テスト後の心拍数が実際のゲーム中の高強度ランニングの走行距離と反比例することが示された（**図39**）。このように、最大下Yo-Yo IEおよびYo-Yo IR1は、サッカー選手の専門的持久力テストとして妥当な情報を与えてくれるのである。

持久力テストとしての最大下Yo-Yo IEとYo-Yo IR1

① テストのやり方

●●●**目的**：最大下テストによる選手の間欠的持久力の測定
●●●**方法**：年齢、性別、そしてトレーニングレベルに応じて（P.5、表1参照）Yo-Yo

IE1かYo-Yo IE2またはYo-Yo IR1の最初の6分間を実施する。テスト開始6分後、ただちに選手の心拍数を計測し、各自の最大心拍数に対する相対値を求める。以

図38　試合中のハイスピードランニングとYo-Yo IE2の相対的心拍数との関係

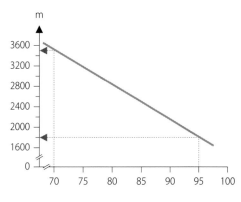

Yo-Yo IE2開始6分後の相対的心拍数
（最大心拍数に対する%）

エリートレベルの選手におけるYo-Yo IE2の開始6分後に得られた相対的心拍数と試合中のハイスピードでの走行距離との関係。相対的心拍数が低いほど、試合中のハイスピードランの距離が長い点に注目。例えば、相対的心拍数が最大心拍数の70%の選手はハイスピードでの走行距離は約3500mであるのに対して、相対的心拍数が最大心拍数の95%になる選手は約1800mしか走れないことになる。

図39　試合中の高強度ランニングとYo-Yo IR1の相対的心拍数との関係

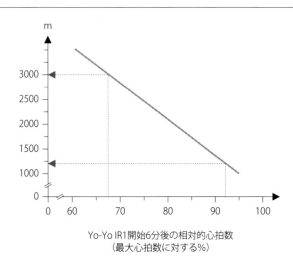

Yo-Yo IR1開始6分後の相対的心拍数
（最大心拍数に対する%）

エリートレベルの女子選手におけるYo-Yo IR1で得られた相対的心拍数と試合中の高強度ランニングの走行距離との関係。相対的心拍数が低いほど、試合中の高強度ランニングの距離が長い点に注目。例えば、相対的心拍数が最大心拍数の67%の選手は高強度ランニングで約3000m走れると推定できるのに対して、相対的心拍数が最大心拍数の92%になる選手は約1200mしか走れない。

下に、最大下Yo-Yo IE1とYo-Yo IE2、およびYo-Yo IR1の実施方法を示す。まず、選手に往復走を行うタイミングを確認させるためのランニングを行う。このことがウォームアップにもなる。

②▶最大下テストの実施

2分間の簡単なストレッチングのあと、実施するテスト（Yo-Yo IE1かYo-Yo IR2、またはYo-Yo IR1）の最初の3分間だけを行う。そのあとでテストを最初から6分間実施する。Yo-Yo IE1はスピードレベル6.5の8本目、Yo-Yo IE2はスピードレベル14の1本目、Yo-Yo IR1はスピードレベル15の1本目の終了時になる。

テスト終了時の心拍数を計測し、最大心拍数に対する割合を求める。この値がテストの結果となる。

③▶生理学的応答

Yo-Yoテスト実施中の心拍数は、ランニングスピードが速くなるのに伴って徐々に上昇する。図40に、どちらも最大心拍数が200拍/分のエリート選手2名の最大下Yo-Yo IE2における心拍応答を示した。スピードレベル14の1本目終了時点で、選手2が最大心拍数の80.5%に当たる心拍数161拍/分であったのに対して、選手1は最大心拍数の84%に相当する168拍/分に達した。このことから、より低

図40　最大下Yo-Yo IE2における心拍数

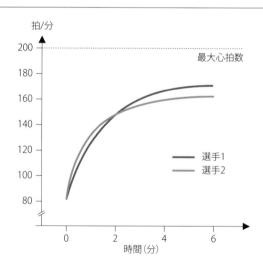

異なるトレーニングレベルにある2名の男子エリート選手による6分間の最大下Yo-Yo IE2で示された心拍数。どちらの選手も最大心拍数は200拍/分であったが、選手2が選手1よりもテスト終了時の心拍数が低く、すぐれていることがわかる。

い相対的心拍数を示した選手2は、選手1に比べて優れた間欠的持久力を示したことがわかる。

④ 最大下Yo-Yo IE1とYo-Yo IE2におけるテスト結果の解釈

若い男子および女子選手、さらにレクリエーショナルレベルの選手における最大下Yo-Yo IE1のパフォーマンス評価表を**表16**に示した。Yo-Yo IE1で「非常によい」または「すばらしい」の評価を得た選手は、最大下テストはYo-Yo IE2で行うべきである。表17は、エリートレベルの選手から得たデータに基づいて作成

表16 最大下Yo-Yo IE1の男子と女子の評価表

最大下Yo-Yo IE1
男子

相対的心拍数（最大心拍数に対する%）	評価
60～65%	すばらしい
65～75%	非常によい
75～80%	よい
80～85%	普通
85～90%	低い
90～100%	劣る

女子

相対的心拍数（最大心拍数に対する%）	評価
65～70%	すばらしい
70～75%	非常によい
75～85%	よい
85～90%	普通
90～95%	低い
95～100%	劣る

表17 最大下Yo-Yo IE2の男子と女子の評価表

最大下Yo-Yo IE2
男子

相対的心拍数（最大心拍数に対する%）	評価
60～70%	すばらしい
70～80%	非常によい
80～85%	よい
85～90%	普通
90～95%	低い
95～100%	劣る

女子

相対的心拍数（最大心拍数に対する%）	評価
65～70%	すばらしい
70～75%	非常によい
75～85%	よい
85～90%	普通
90～95%	低い
95～100%	劣る

された最大下Yo-Yo IE2の評価表である。エリートレベルの選手は、最大下Yo-Yo IE2で、男子は70%以下、女子では75%以下を示す。

⑤ ▶ 最大下Yo-Yo IR1のテスト結果の解釈

エリート男子選手における6分間の最大下Yo-Yo IR1の結果は、平均で最大心拍数の75%（66～86%の範囲）で、女子では85%（80～95%）である。**表18**に、男女のエリート選手から得られたテスト結果に基づく評価表を示した。

最大下Yo-Yo IE2とYo-Yo IR1における相対的心拍数は、試合中の推定高強度ランニング走行距離を知るためにも活用できる（図38、39）。

表18　最大下Yo-Yo IR1の男子と女子の評価表

最大下Yo-Yo IR1
男子

相対的心拍数（最大心拍数に対する%）	評価
65～70%	すばらしい
70～75%	非常によい
75～80%	よい
80～85%	普通
85～95%	低い
95～100%	劣る

女子

相対的心拍数（最大心拍数に対する%）	評価
70～75%	すばらしい
75～80%	非常によい
80～85%	よい
85～90%	普通
90～95%	低い
95～100%	劣る

⑥ ▶ ポジション特性

エリートチームを観察した結果、最大下Yo-Yo IE1の結果には、強いポジション特性が示されることがわかった。サイドバックとサイドおよびセントラルミッドフィルダー（65～80%）は、センターバックとフォワード（75～85%）よりも低い相対的心拍数を示す。図41は、あるリーグに所属する全選手の最大下Yo-Yo IR1のテスト結果をポジション別に見たものである。サイドバックとミッドフィルダーが最大心拍数の70～80%で、80～85%に達するフォワードやセンターバックよりも優れた結果であった。つまり、このテスト結果は、異なるポジション間で結果が異なることを示している。

図41　最大下Yo-Yo IR1の結果のポジションによる違い

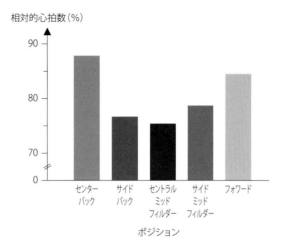

あるリーグの全選手を対象に行った最大下Yo-Yo IR1における相対的心拍数の結果をポジション別に示した。中盤とサイドバックの選手がセンターバックやフォワードよりも低い値（つまりよいパフォーマンス）を示している点に注目。

⑦ シーズン変化

　最大下Yo-Yo IE2は、ヨーロッパ選手権2004（ユーロ2004）を目前に控えたデンマーク代表チームの身体能力を評価するために用いられた。テストは、3月のインシーズン中、およびインシーズン終了後のユーロに向けた準備を開始した5月第1〜2週、そしてユーロ2004の最初の試合の9日前に実施された。選手の相対的心拍数は、インシーズン終了時には高く、体力の低下が考えられた。しかし、その後の準備期間に入ってから、有酸素性高強度トレーニングに重点を置いたトレーニングを実施した結果、最大下テストにおける心拍数はインシーズン中に示されたレベルにまで回復し、選手の持久力に有意な改善が見られた。このことから、最大下Yo-Yo IE2は、短期間の持久力の微妙な変化の評価に有効なテストであることがわかる。さらに、デンマーク代表チームは、2010年のワールドカップ南アフリカ大会に向けての準備期間においても、最大下Yo-Yo IE2における心拍数の有意な減少を確認している（**図42**）。

　近年、あるヨーロッパのリーグに所属する全選手に対して、シーズンを通して6分間の最大下Yo-Yo IR1を実施した研究において、プレシーズンの初期には平均92%であった相対的心拍数が、インシーズン開始時には85%にまで低下し、それがインシーズン中維持されるということが示された（**図43**）。このように、最大下Yo-Yo テストは、プレシーズンからインシーズンにかけての、コンディションの変化を知ることもできる。

⑧ ▶ 要約

　最大下Yo-Yo IEや最大下Yo-Yo IR1による心拍数のチェックは、頻繁に実施することができる。そしてこのテスト方法とその結果は、異なるポジション間の違いや、シーズン変化、さらに短期間の体力トレーニングによる変化を検出するのに十分な精度を持っている。

図42　ワールドカップ2010に向けての準備期間における最大下Yo-Yo IE2結果の変化

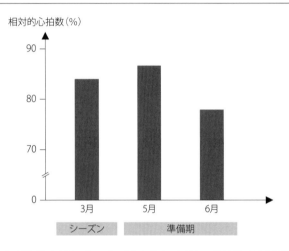

デンマーク代表チームの選手における、シーズン中およびワールドカップ2010に向けた準備期間が開始する前（5月）、そして、開始後の前半（6月）における最大下Yo-Yo IE2終了時の心拍数。

図43　最大下Yo-Yo IR1のシーズン変化

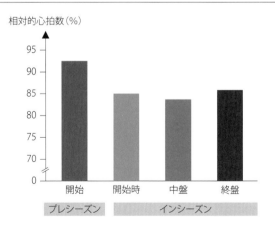

あるリーグに所属する全選手のシーズン中における最大下Yo-Yo IR1のテスト結果。相対的心拍数がインシーズン開始時までに低下し、パフォーマンスレベルが向上していることに注目。

7　スピードのテスト

　エリートレベルのサッカー選手にとって、高いスプリント能力は必要不可欠である。同じエリートレベルでも、各国代表クラスの選手は男子でも女子でも、より低いレベルの選手にくらべて試合中に50〜60%多くスプリントをしている。さらに、各国代表クラスの選手は20年前の選手よりもスプリントの回数がはるかに多くなっている。あるスカンジナビアのトップリーグにおける上位チームと中位チームの選手は、下位チームの選手よりも1試合におけるスプリント距離が約20%多いという事実は、高いスプリント能力の重要性をさらに物語っている（図44）。また最近、イングランドプレミアリーグの各国代表クラスの選手は、下位のリーグに所属するセミプロの選手に比べて、試合中のピーク時のスプリントスピードが速くなっており、平均スプリントスピードも速いということがわかった（図45）。したがって、スプリントスピードと試合中にそのスプリントを何回も繰り返す能力は、サッカーの競技レベルが高いほど優れていると考えられ、この能力は頻繁にテストするべきである。

　科学的研究によれば、各国代表クラスの選手とエリート選手の違いは、試合中のスプリントの持続時間や距離の長さではなく、スプリントの回数であり、各国代表クラスの選手のほうが明らかに多くの回数のスプリントを行っていることを

図44　試合中のスプリント距離のリーグ内ランキングによる比較

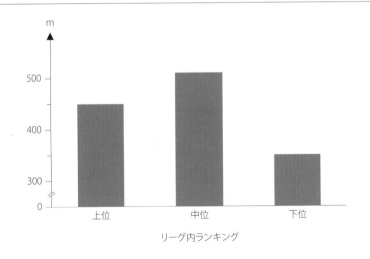

あるスカンジナビアのトップリーグにおける上位、中位、下位チームの1試合中のスプリントの総距離を示す。上位チームや中位チームに比べて、下位チームがきわめて短い距離しかスプリントをしていない点に注目。

図45　スプリントスピードの選手のレベルによる比較

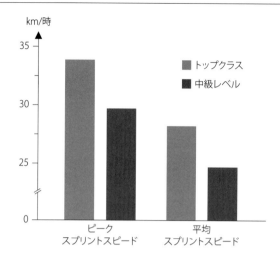

イングランドプレミアリーグの各国代表クラスの選手とエリートレベルの選手の試合中におけるピーク時スピードと平均スピードを示す。ピーク時スピードも平均スピードも、トップクラスの選手のほうが速い点に注目。

図46　試合中のスプリントの特徴

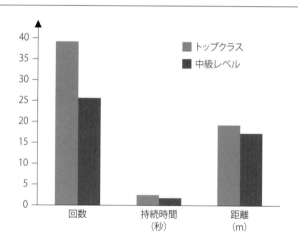

イングランドプレミアリーグの各国代表クラス選手とそれ以外のエリートレベルの選手のスプリント回数（左）、持続時間（中央）、距離（右）。各国代表クラスの選手が示すスプリントの回数は、それ以外の選手よりも多いが、持続時間や距離に関しては差がない点に注目。

示している（**図46**）。1試合中の平均スプリント距離は、わずか15〜20mにすぎない。したがって、ほとんどのスプリントにとって加速できる時間は短く、最大スピードに到達することはほとんどない。試合中に質の高いスプリントを何度も繰り返す能力は、1回スプリントを行ったあとに、すばやく身体を回復させる

図47　試合中に見られるスプリントの距離と回数

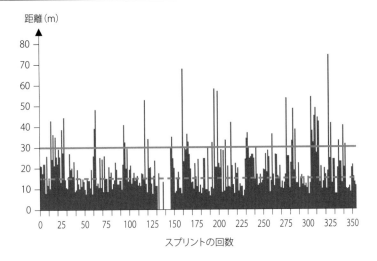

1つの試合で観察された1チーム全選手のスプリント。ほとんどのスプリントが15m以下（下方の点線）であるが、30m以上のスプリント（上方のライン）も一定数ある点に注目。

能力と関係している。したがって、1試合中にスプリントできる総距離は、反復スプリントテストの結果と相関関係を示す。また、スペインのプロチームにおいて、試合開始から終盤に向けてのスプリント回数の減少と、30m反復スプリントテストにおける疲労度合が関係するという報告もある。これらのことから、反復スプリントテストによって、試合中にスプリントを繰り返す能力についての有益な情報を取得できることがわかる。

　試合中のあるスプリントから次のスプリントまでの平均回復時間は150～200秒である。しかし、激しい試合状況においては、多くのスプリントがわずか数秒の回復時間で繰り返されることも珍しくない。ほとんどのスプリントは、わずか10～20mであるという事実に変わりはないが、それより長い距離のスプリントも行われており（**図47**）、30m以上の長いスプリントからの回復には、短い距離のスプリントからの回復よりも時間がかかる。このことから、こうした長い距離のスプリントには非常に大きな負荷がかかることが明らかである。

　中盤のまん中でプレーする選手の中には、相手のペナルティーエリアの中まで深く進入するという攻撃的なプレーを特徴とする選手がいる。**図48**に、イングランドプレミアリーグのあるミッドフィルダーにおける試合中の全スプリントの特徴を、そのスピード、距離、持続時間について分析した結果を示した。多くのスプリントを行ったが、そのほとんどが比較的長い距離で行われ、しかも速いスピードであった。こうしたタイプの選手にとっては、負荷の大きいスプリントからのすばやい回復が重要となる。

図48　イングランドの中盤選手におけるスプリント特性

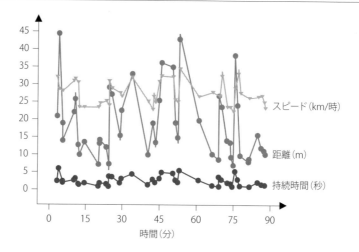

イングランドプレミアリーグのセントラルミッドフィルダーの選手における試合中のスプリント特性（持続時間、距離、およびスピード）。この選手は、30m以上のスプリントをかなりの回数行っている点に注目。

　各国代表クラスの選手が試合中のスプリントで達するトップスピードは平均すると25〜30km/時で、最大スピードは30〜35km/時に達することもある。**図49**には、ヨーロッパのあるトップクラスチームの試合中に観察された全選手のスプリントの最大スピードと平均スピードをポジションごとに示した。

　この図から、スプリントの最大スピードや平均スピードは、選手によって大きな差があることが一目瞭然である。例えば、予想されたことだが、試合中にゴールキーパーが発揮するスピードは最も遅い。また、サイドバック、フォワード、そしてサイドミッドフィルダーのスプリントスピードはセンターバックよりも速い。興味深いことに、2人のセンターバックのスピードを個別に見てみると、そこにも大きな差があり、一方の選手はもう一方の選手よりも速く、フォワードに負けずとも劣らないスピードを発揮していた（**図50**）。

　このような差は、その試合で選手に課された戦術的役割やプレースタイルによる部分もあるが、選手のスプリント能力にも関係する。最近行われたイングランドプレミアリーグの研究で、サイドミッドフィルダーとフォワードは、セントラルミッドフィルダーよりも、トップスピードになるまでに徐々に加速するという特徴があることが明らかとなった。逆にセントラルミッドフィルダーはより爆発的に一気に加速してトップスピードに到達するという特徴があった。このように、選手はそれぞれ異なるスプリント特性を持っているため、スプリントテストを実施する際にこのことを考慮する必要がある。例えば、トップスピードに到達する前に助走が必要な選手においては、スプリントタイムの計測を開始するスタート

図49　ポジション別に見た試合中のスプリントスピード

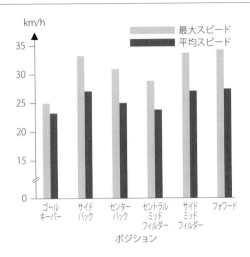

あるチームにおける1試合中の全選手の最大スピード（薄い色）と平均スピード（濃い色）。ポジションによって大きな差が見られる点に注目。特にフォワードが最も速い。

図50　2名のセンターバックにおけるスプリントの特性の比較

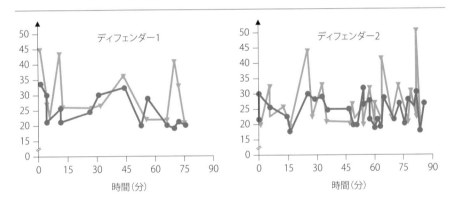

ある試合中の2名のセンターバックのスプリント特性。濃いラインが最大瞬間スピード（km/時）を、薄いラインは距離（m）を示す。ディフェンダー2のほうがより多くのスプリントを行っていることがわかる。

ラインの手前に10m程度の加速コースを設定してやってもよいだろう。それによって、徐々にスピードを上げる加速能力を測定できるだろう。

　サッカーの試合中に行われるスプリントのタイプは常に変化し、直線的に真っすぐ走るようなスプリントはほとんどない。むしろほとんどすべてのスプリントは曲線を描くものであり、しかも瞬間的な方向転換に引き続いて行われることが多い。試合中の方向転換の角度を調べたところ、1試合中800回の方向転換が行われ、その角度のほとんどは0°〜90°の範囲であった。多くのトップクラスのサッ

カーチームはハイテクを駆使したマルチカメラシステムや高解像度のグローバルポジショニングシステム（GPS）といった試合分析システムを活用している。それらのシステムの中には、図51に示したようなスプリントの軌跡を描くことができるものがある。

これらのデータから、試合中に行われる多くのスプリントは曲線を描いており、また方向転換を伴うということが明白である。したがって、スプリントテストの選択に当たって、こうした事実を考慮するべきである。この情報は、サッカー選手の専門的なスプリントテストの開発に役立てることができる。図50は、同じチームの2名の選手のスプリントに大きな違いがあることを示している。比較的長い距離のスプリントを短い回復時間でより多くの本数を走る選手には、反復スプリントテストが有効だろう。いっぽう、長い回復時間をとって短いスプリントしか行わない選手には、短い距離での加速能力を評価するテストを実施するほうが重要であろう。

サッカーにおけるスプリントの専門的特性ということを考慮するならば、サッカーの試合中に起こるさまざまな事象を知覚し、反応するという能力も不可欠である。さらに、ドリブルを高速で行う能力に重点をおく必要のある選手もいるだろう。例えば、上位のチームは、下位のチームと比べて、ボールを保持しながらのハイスピードランニングにおいて優位性があることが明らかになっている。したがって、技術的な要素を加味したスプリントテストも必要となる。

以上要約すると、これまでの研究から、各国代表クラスのサッカー選手にとっ

図51　GPSによって得られた試合中のスプリントパターン

前半

後半

スペイン代表クラスのサイドミッドフィルダー選手によって示された試合中のスプリントパターン。ほとんどのスプリントが短くしかも曲線である事に注目。

て、スプリントを何回も反復する能力とそのスプリントのスピードを速くすることが不可欠であることが示された。試合中、ほとんどのスプリントは10～20mの距離で行われているが、ときにはそれよりも長くなる。また方向転換を伴うことが多い。スプリント間の回復時間は通常100～200秒であるが、それよりもかなり短いこともある。また、試合中のスプリントはボールを保持して行われることもある。したがって、サッカー選手のスプリント能力を測定するためには、単発か反復か、ボールなしかボールありか、方向転換なしか方向転換ありかという特徴を考慮して実施する必要がある。以下に、簡単に実施できて、サッカー選手にとって有意義な3種類のスプリントテストの方法について紹介するが、まずはスプリントテストを実施する前の準備について説明しよう。

① ▶ スプリントテストの準備

スプリントテストを行うサーフェイス（陸上トラック、体育館、人工芝等々）はパフォーマンスにきわめて大きな影響を与えるので、テスト結果を比較するためには、同じサーフェイスで、また毎回同じタイプのシューズを履いて実施するべきである。テストは、直前の試合やトレーニングから十分回復した条件で行い、以下に示したような標準化された正しいウォームアップを行ったあとに実施すべきである。

●●●ウォームアップ

- スキップ、シャッフル、サイドステップ、バック走などの脚の筋群（大腿四頭筋、ハムストリング、内転筋）のエクササイズを伴った5分間のジョギング。
- 5分間のジョギングを行いながら、短い距離の中くらいのスピードでの加速、ターン、そして中くらいのスピードでのスプリントを混ぜていく。例えば、20秒間ジョギングし10m加速、10秒間ジョギング、ターンして徐々に15秒間スピードを上げていく、など。
- 2～3分間のストレッチング。
- 4～6回の20～30mのスプリント。ジョギングを挟みながら最初の2回は高速で、最後の2回はほとんど最大スピードで走る。

② ▶ 直線スプリント能力

単発もしくは反復での直線スプリントテストを、例えば5m、10m、20m、30mなどさまざまな距離で実施することができる。これらのテストから図52に示したような情報を得ることができる。ここでは2名の選手のデータを紹介しているが、選手1は10mまでは選手2よりも速く走ることができるが、20mと30m地点では選手2のほうがタイムがよい。このことから、10mと30mの2種類のテストを実施することで、より詳細で有用な情報が得られることがわかる。また、

図52　10、20、30mのスプリントタイム

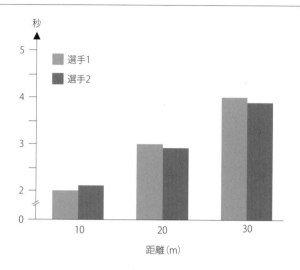

2名の選手における10m、20m、30mのスプリントタイム。選手1は最初のスタート局面では選手2よりもよいパフォーマンスを示しているが、後半は選手2のほうがよいことがわかる。

テストは選手の能力差を明確にするためにも利用できる。例えば、ベルギーの1部リーグに所属する2つのチームから得られたデータでは、レギュラー選手は5mと30mのテスト結果（それぞれ1.04秒と4.19秒）が、サブの選手（それぞれ1.13秒と4.31秒）よりも優れていた。同様に、ベルギー代表に選出された選手は、反復30m直線走テストで、同じリーグに所属する代表に選出されていなかった選手よりもよい結果を示した（4.23秒対4.39秒）。

直線スプリントテスト

① テストのやり方

●●● **目的**：最大および反復直線スプリント能力の評価。

●●● **用意するもの**：電光計測装置（例えば光電管）またはストップウォッチ、メジャー。10個のコーン（できれば1.5mより高いものが望ましい）、筆記用具。

●●● **テストコース**：テストで使用するコースは**図53**に示した。ゲート①がスタートライン、ゲート②、③、④は、それぞれ10m、20m、30mラインに対応。光電管をライン上に1mの高さで設置する。ゲートの幅は2mとする。

●●● **実施方法**：ゲート①で一方の足をスタートライン上、もう一方の足をその後方に置いた姿勢からスタートする。テスト管理者は「3、2、1」、とカウントダウンし、「ゴー」の合図を出す。それに合わせて、選手はスタートしゲート④の30m地点

図53 直線スプリントテストのテストコース

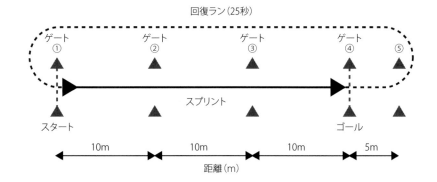

まで走り抜ける。多くの選手は、ゲート④（30m地点）の手前で減速してしまう傾向があるので、スプリントコースを5m延長し（光電管はゲート④に置く）、しっかりと30mの距離を最後まで走らせるようにする。10m、20m、30mの記録は電気的に計測する。もしストップウォッチしかないという場合、10m、20m、30mのタイムを測る。2人の計測員がそれぞれのストップウォッチで計測し、その平均値をテスト結果とするべきである。

30m反復スプリント能力をテストするには、25秒の回復時間を挟んでスプリントを5回繰り返す。最初のスプリント後、選手はスタートラインのあるゲート①まで約22秒かけてジョギングで戻る。そして次のスタートのためのカウントダウンが始まる。全5回のスプリントタイムを計測する。結果は、最も速かったタイムと全5回の合計から計算された平均タイムとして表される。さらに、最も速い記録と最も遅い記録の差の低下率として計算される疲労指数を求めることもでき、スプリントパフォーマンスの維持能力に関する情報を得ることができる（**表19**）。

疲労指数％＝（最も遅い記録－最もよい記録）/最もよい記録×100
例えば、疲労指数＝（4.5秒－4.0秒）/4.0秒×100＝12.5％

4～5秒で終わる30mスプリントの主要なエネルギーは、筋肉中の高エネルギーリン酸（アデノシン三リン酸（ATP）とクレアチンリン酸（CP））によってまかなわれる。しかし解糖系と呼ばれる炭水化物（グリコーゲン）の分解も重要な役割を果たす。このことは、反復スプリントテスト中に採取された血液中の乳酸（解糖の結果として生じる代謝産物）濃度が、3本目のスプリント後で、7mmol/l、5本目で9mmol/lまで上昇することからも裏付けられている。さらに、有酸素性エネルギーシステムも、反復スプリントテスト、特に25秒の回

表19 あるエリートチームの全選手における30m直線スプリントテストの結果

選手	1回目(秒)	2回目(秒)	3回目(秒)	4回目(秒)	5回目(秒)	平均(秒)	ベスト(秒)	疲労指数(%)
1	4.56	4.58	4.65	4.76	4.73	4.64	4.56	3.7
2	4.47	4.53	4.60	4.65	4.73	4.60	4.47	5.8
3	4.46	4.60	4.67	4.56	4.68	4.59	4.46	4.9
4	4.38	4.49	4.50	4.52	4.65	4.51	4.38	6.2
5	4.49	4.60	5.02	5.03	5.07	4.84	4.49	12.9
6	4.52	4.59	4.76	4.78	4.87	4.70	4.52	7.7
7	4.25	4.35	4.42	4.39	4.41	4.36	4.25	3.8
8	4.16	4.31	4.32	4.33	4.37	4.30	4.16	5.0
8	4.43	4.45	4.44	4.47	4.50	4.46	4.43	1.6
9	4.97	4.99	5.04	5.05	5.09	5.03	4.97	2.4
10	4.42	4.48	4.47	4.51	4.53	4.48	4.42	2.5
11	4.40	4.37	4.49	4.46	4.50	4.44	4.37	2.3
12	4.27	4.41	4.38	4.40	4.44	4.38	4.27	4.0
13	4.10	4.19	4.26	4.29	4.31	4.23	4.10	5.1
14	4.36	4.39	4.43	4.45	4.53	4.43	4.36	3.9
15	4.49	4.57	4.53	4.55	4.62	4.55	4.49	2.9
16	4.39	4.58	4.53	4.55	4.56	4.52	4.39	3.9
平均	4.42	4.50	4.56	4.57	4.62	4.53	4.41	4.6

復期において、重要な役割を果たす。なぜなら、クレアチンリン酸の再合成は、筋肉へ酸素が運ばれ利用されることに大きく依存しているからである。このことは、反復スプリントテスト中の心拍数が最大心拍数の85%に相当する165拍/分くらいにまで上昇することからも理解できる（**図54**）。したがって、5回の30mスプリントテストは、選手に対してATP-CP系、解糖系、そして有酸素系のすべてに負荷をかけることになる。

②▶テスト結果の解釈

表19は、北欧のあるセミプロチームのテスト結果である。5回のすべての測定値だけでなく、平均値、ベストタイム、および疲労指数を掲載した。例えば選手13を見てみると、チームの中でも最も速いベストタイムと最もよい平均タイムを出しているが、疲労指数が高く、各スプリントからの回復能力に問題のあることがわかる。したがって、この選手に対しては、回復能力を改善するためのスペシャルトレーニングが必要となるかもしれない。**表20**には、男子と女子の直線スプリントテストの平均タイムによる評価表を示した。

ある科学的研究によって、試合中に到達する最高スプリントスピードが、30m直線スプリントテストにおける最大スピードと関係のあることが確かめられている（**図55**）。このことは、30m直線スプリントテストの結果が試合中の最大スプリントスピードについての情報を得ることができることを示している。

図54　直線スプリントテスト中の心拍応答

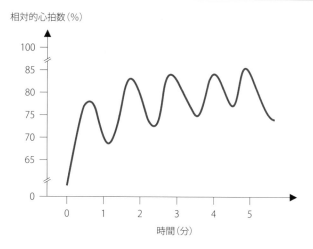

最大心拍数に対する%として表された直線スプリントテスト中の心拍数。

表20　直線スプリントテスト（5×30mの反復スプリント）の平均タイムによる評価表

直線スプリントテスト－平均タイム

男子

時間（秒）	評価
<4.10	すばらしい
4.10～4.20	非常によい
4.20～4.30	よい
4.30～4.40	普通
4.40～4.50	低い
>4.50	劣る

女子

時間（秒）	評価
<4.25	すばらしい
4.25～4.35	非常によい
4.35～4.45	よい
4.45～4.55	普通
4.55～4.60	低い
>4.60	劣る

③ ▶ ポジション特性

　試合中のスピードに対する要求は、選手のポジションときわめて密接な関係にある。このことは、異なるポジションの選手のスプリントテスト結果を比較した研究からも明らかである。エリートレベルの男子選手を対象とした研究では、フォワードとサイドミッドフィルダーの選手は、セントラルミッドフィルダーとセンターバックの選手よりも30mスプリントテストで優れたパフォーマンスを記録した（**表21**）。したがって、テスト結果を評価する際には選手のポジションを考

図55　試合中の最高スプリントスピードと30mスプリントテストとの関係

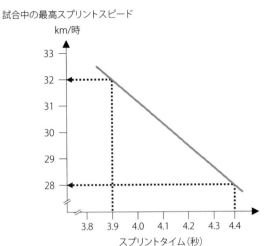

30mスプリントテストが選手の試合中のスプリント能力と相関関係が見られることを示す。したがって、テスト結果はその選手の試合中に発揮できる最大スピードを推定するために活用することが可能である。例えば、30mスプリントテストを3.9秒で走る選手は、試合中の最高スピードが32km/時、スプリントテストを4.4秒で走る選手は、試合中の最高スピードが28km/時とそれぞれ推定できる。

慮することが重要である。

④ ▶ 育成年代の選手

　育成年代選手のスピードは選手の成熟度にきわめて大きく依存している。なぜなら男子においても女子においても、思春期が終了するまでは、筋肉量は年齢が増すとともに大きく発達するからである。スペインの11〜18歳の育成年代選手が反復30mスプリントテストを実施した結果、年齢が高いほど速く走れることが明らかとなった。**表22**には、最大スピードも平均スピードも年齢が高くなるほど向上することが示されている。しかしながら、疲労指数は年齢によってさまざまである。

　最近の科学的研究で、エリートレベルの男子選手の加速能力、最大スプリント速度、そして反復スプリントパフォーマンスの年齢による差異が調べられた。U14、U16、およびU18の選手に、10mの加速、フライング20mスプリント（最大スプリント速度）、および10×30mスプリント（反復スプリント）のテストが行われた。その結果、すべてのテスト項目で、U18の選手はU16の選手よりも優れた結果を示し、U16の選手はU14の選手よりも優れた結果を示した。しかしながら、パフォーマンスに及ぼす年齢と最大身長増加速度といった生物学的な成熟度の影響を考慮すると、各群間の差はなくなった。このことは、生物学的成熟度

がサッカー選手のスプリントパフォーマンスに対して大きく影響することを示している。

⑤ シーズン変化

スピードテストは簡単にすぐ実施できる。したがって、シーズン中も頻繁に測定することが可能だ（P.95～、「12. 体力テストの計画」参照）。うまく計画しさえすれば、スピード測定はトレーニングの一環として実施することもできる。**表23**には、3名の選手のインシーズン開始時、インシーズン中盤、およびインシーズン終了時の反復スプリントテストの結果を示した。インシーズンでのスプリントパフォーマンスの改善には、3名の間に大きな差があり、それぞれ異なる時期にベストパフォーマンスに到達していることがわかる。この例が示すのは、シーズンを通してスプリントパフォーマンスを維持させるためには、できるだけ頻繁にスプリントテストをしたほうがよいということである。

表21 ある男子エリートチームにおける30mスプリントテストのポジション別の記録

30mスプリントの最高記録（秒）

センターバック	サイドバック	セントラルミッドフィルダー	サイドミッドフィルダー	フォワード
4.35	4.37	4.40	4.10	4.07

表22 年齢別のスペインのエリート選手における反復30m直線スプリントテストの結果

年齢（歳）	1回目（秒）	2回目（秒）	3回目（秒）	4回目（秒）	5回目（秒）	平均（秒）	ベスト（秒）	疲労指数（%）
11	5.24	5.45	5.56	5.63	5.62	5.50	5.24	7.3
12	5.09	5.22	5.39	5.45	5.49	5.33	5.09	7.9
13	4.95	5.05	5.17	5.21	5.25	5.13	4.95	6.1
14	4.60	4.70	4.79	4.82	4.86	4.75	4.60	5.7
15	4.35	4.45	4.56	4.58	4.65	4.52	4.35	6.9
16	4.29	4.37	4.45	4.52	4.55	4.44	4.29	6.1
17	4.26	4.34	4.42	4.48	4.54	4.41	4.26	6.6
18	4.20	4.29	4.37	4.43	4.49	4.36	4.20	6.9

表23 インシーズン中の3名の選手による反復スプリントテスト（5×30mスプリントの平均値）の結果

直線スプリントテスト－平均スプリントタイム（秒）

	インシーズン開始時	インシーズン中盤	インシーズン終了時
選手1	4.15	4.19	4.29
選手2	4.23	4.13	4.27
選手3	4.31	4.19	4.21

選手1は、ベスト記録をインシーズン開始時に出しているが、選手2と選手3はベスト記録をインシーズンの中盤に記録していることがわかる。さらに、選手3はシーズン中盤から終盤にかけてそのパフォーマンスを維持したが、選手1と選手2は著しくパフォーマンスを低下させてしまっている点に注目。

カーブ・スプリントテスト

① ▶ テストのやり方

　試合中のスプリントのほとんどは、カーブを描いて行われるか、または90°以下の角度でのターンを伴って行われる。例えばフォワードは、鋭い方向転換によってディフェンダーを振り切る。したがってサッカーにおいては、スプリント能力の1つとしてこの要素を測定することが重要となる。方向転換をしながらのスプリントを繰り返す能力は、カーブ・スプリントテストによって評価することができる。このテストは、約35mのコースを3回のターンを伴って走るもので、サッカーの試合中に行われるスプリントと共通性を持っている。

●●●**目的**：方向転換を伴うスプリントの最大速度と反復能力を評価する。

●●●**用意するもの**：電光計測装置（例えば光電管）またはストップウォッチ、メジャー。12個のコーン（できれば1.5mより高いものが望ましい）、筆記用具。

●●●**テストコース**（図56）：スプリントコースは約35mで、2m幅のゲートを6カ所設置する。選手はゲート①からスタートする。ゲート①から10mの地点にゲート②を置き、ゲート③は、ゲート②の5m前方かつ5m右側に設置する。ゲート④はゲート②の10m前方、そしてゲート⑤はゲート④の10m前方に置く。補助ゲート⑥をゲート⑤の前方5mに置く。

●●●**実施方法**：一方の足をスタートライン上に置き、もう一方の足をラインの後方に置いてゲート1からスタートする。テスト管理者が「3、2、1」、とカウントダウンをして「ゴー」の合図を出す。選手はゲート⑤に向かって走り始めるが、ゲート②のところで方向転換をしてゲート③を通過する。さらに再び方向転換をしてゲート④を通り、ゴールライン（ゲート⑤）を走り抜ける。スプリントタイムはゲート①とゲート⑤に設置された光電管などの電気的スプリント計測装置、またはストップウォッチで計測する。スプリント後、選手はゲート⑥を通って減速し、22秒以内に、次のスプリントに向けての準備をするために、スタートライン（ゲート①）までジョギングで戻る。選手は積極的リカバリーのための25秒間を挟んで7回のスプリントを実行する。テストの結果は、ベストタイム、7回のスプリントタイムの平均値、および疲労指数によって表される。疲労指数は、スプリントのベストタイムとワーストタイムの差から求められる（P.61参照）。もし選手が転倒したり、つまずいたりしたときには、この試行の記録は削除し、1つ手前とそのあとのスプリントの平均値に置き換える。**表24**に、ある男子選手のテスト結果を掲載した。

　この例に見られる最大スプリントタイムは6.73秒であり、平均タイムは7.18秒である。3本目のスプリントで、選手は方向転換をしようとして転倒したため、

図56　カーブ・スプリントテストのテストコース

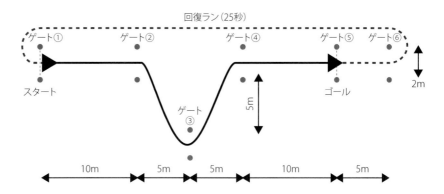

カーブ・スプリントテストのテストコースを示す。実線が選手のスプリントを行うコースであり、破線上が25秒間の回復期間となる。

表24　ある選手におけるカーブ・スプリントテストの結果

スプリント	1	2	3	4	5	6	7
時間（秒）	6.73	6.88	転倒	7.14	7.35	7.50	7.65

最大スプリントタイム（秒）	平均スプリントタイム（秒）	疲労指数（%）
6.73	7.18	13.7

スプリント3は、スプリント2とスプリント4の平均値として計算された。すなわち、(6.88＋7.14)／2＝7.01である。疲労指数は13.7%で、計算方法は次の通りである。[(7.65−6.73)／6.73]×100＝13.7%

② ▶ テスト結果の解釈

表25に、各国代表クラスの選手の結果をもとにしたカーブ・スプリントテストの評価表を示す。

③ ▶ ポジション特性

カーブ・スプリントテストのパフォーマンスは選手のポジションと関係があり、フォワード、サイドミッドフィルダー、サイドバックは、セントラルミッドフィルダーやセンターバックよりも優れた能力を持つことが示されている。さらに、セントラルミッドフィルダーの選手は他のポジションの選手よりも疲労指数が低いことも明らかである（表26）。

表25　カーブ・スプリントテストの平均タイムによる評価表

カーブ・スプリントテスト（平均タイム）
男子

時間（秒）	評価
<6.60	すばらしい
6.60〜6.69	非常によい
6.70〜6.79	よい
6.80〜6.89	普通
6.90〜6.99	低い
>7.00	劣る

女子

時間（秒）	評価
<6.80	すばらしい
6.80〜6.89	非常によい
6.90〜6.99	よい
7.00〜7.05	普通
7.06〜7.10	低い
>7.10	劣る

表26　ポジション別の男子エリート選手におけるカーブ・スプリントテストの結果

	ベストタイム（秒）	疲労指数（%）
センターバック	6.82	21
サイドバック	6.71	17
セントラルミッドフィルダー	6.85	12
サイドミッドフィルダー	6.65	18
フォワード	6.69	17

クリエイティブ・スピードテスト

① ▶ テストのやり方

　サッカーにおいては、独特の技術的な要素、例えばドリブルをすばやく行うことが強く要求される。スプリントテストではよい結果を出すのに、サッカーの専門的な動きをすばやく行う能力には劣るという選手がいる。実際に、レギュラー選手はサブ選手よりもドリブルのスピードが速いという研究結果もある。こうしたボールを保持してすばやく動くという能力を評価するためのテストがクリエイティブ・スピードテストである。

●●●**目的**：ボールをドリブルするときのスプリントとコーディネーションを評価する。

●●●**準備するもの**：電光計測装置（光電管）またはストップウォッチ、メジャー、コーン12個（1.5m以上の高さのあるものが望ましい）、筆記用具。

●●●**テストコース**：図57にクリエイティブ・スピードテストのコースを示した。テストはペナルティーエリアで実施する。コーンを4つ置いたスタート「ボックス」

図57　クリエイティブ・スピードテストのコース

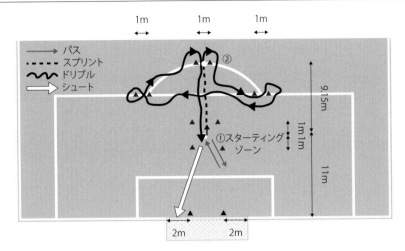

クリエイティブ・スピードテストのコース。点線はボールなしのスプリント、実線はボールを保持したドリブルのコースである。

をペナルティースポット付近に設定し（＝スターティングゾーン）、2本の旗を両側のゴールポストから2m内側に立て、シュートをねらうコースを作る。

●●●●**実施方法**：選手は、スターティングゾーン（ポイント①）でゴールのほうを向いて立つ。選手は2m離れた位置から出されたボールをリターンパスしたらすぐにターンしてポイント②までダッシュ。もしくはテスト管理者の「3、2、1」、「ゴー」の合図でターンしてスタートを切る。ポイント②までダッシュし、ポイント②に置いてあるボールを図に示したコースに従ってドリブルで進む。再びポイント②まで戻ってきたら、ボールをスターティングゾーンに向かってけり出し、そのボールを追いかけてスターティングゾーン（ポイント①）からシュートする。シュートは必ずゴールのどちらかの隅に入れなければならない。シュートに失敗したら、もう一度やり直しとなる。ストップウォッチを使用する場合、選手がリターンパスを出した瞬間、またはテスト管理者の「ゴー」の合図に合わせてスタートさせ、ボールがフィニッシュラインを通過した瞬間に止める。電光計測装置を用いる場合は、スタートラインとフィニッシュラインとなる位置にセットする。

②▶ウォームアップ

ウォームアップについてはスプリントテストの項目を参照（P.59参照）。ただし、テストコースを1回ゆっくりと、次に中くらいの速さで試してから、実際の計測を実施するようにすること。

表27　クリエイティブ・スピードテストの評価表

クリエイティブ・スピードテスト
男子

時間（秒）	評価
<16	すばらしい
16〜17	非常によい
17〜18	よい
18〜19	普通
19〜21	低い
>21	劣る

女子

時間（秒）	評価
<18	すばらしい
18〜19	非常によい
19〜20	よい
20〜21	普通
21〜23	低い
>23	劣る

③ ▶ テスト結果の解釈

高い技術を持ち、しかも速い各国代表クラスの選手は、このテストを約17秒で完遂する。**表27**には、各国代表クラスの選手の結果をもとにしたクリエイティブ・スピードテストの評価表を示した。

④ ▶ 要約

サッカー選手の加速能力と高速でのスプリント能力は、試合の結果を左右する決定的な要素であるため、これらの能力を評価することは有益である。直線スプリントテストから、スプリントのスタート局面と後半のスピード維持の局面についての情報を得ることができる。カーブ・スプリントテストによって、選手の横への動きを伴ったスピードを計測することができる。そしてクリエイティブ・スピードテストにより、ボールをコントロールした状態で速く移動する能力を調べることができる。また、反復スプリントテストを実施することにより、選手の回復能力も評価することが可能となる。

8 敏捷性（アジリティー）のテスト

　サッカーの試合において、選手は頻繁に爆発的かつ瞬間的な方向転換を行う。こうした動きを行うには、優れた敏捷性とコーディネーションが要求される。科学的研究によって、敏捷性の能力はサッカー選手のタレント発掘の重要な要素であることが明らかにされている。サッカー選手のための敏捷性は、以下に示すアロウヘッド（矢じり）・アジリティーテストによってテストすることができる。

アロウヘッド・アジリティーテスト

① テストのやり方

　このテストは特にボディーコントロールと方向転換能力の視点で、選手の敏捷性を測定するものである。

- **目的**：スピード、爆発的スタート、ボディーコントロール、そしてさまざまな方向と角度への方向転換能力の評価。
- **準備するもの**：電光計測装置（例えば光電管）またはストップウォッチ、メジャー、コーン10個（高さ1.5m以上のものが望ましい）、筆記用具。
- **実施方法**：図58のように、矢じりの形になるようにコーンを3セット配置する。もう1セットがスタートおよびフィニッシュラインとなる。一方の足をスタートライン上、もう一方の足をその後方に置いた姿勢でスタートの合図を待つ。カウントダウン「3、2、1」、「ゴー」の合図でスタートし、中央のコーンⒶを通過し、横のコーンⒸを通り、前方のコーンⒷをまわってフィニッシュラインに戻る。1回は左方向で、もう1回は右方向で、合計2回の試行を行う。2つのテストの間の回復時間は少なくとも5分以上開ける。マーカーを使用して実施した場合、もし選手が正しくマーカーをまわらず、またいでしまった場合は、やり直しとする。テスト結果は左右の合計タイムとし、記録は左右それぞれ小数点第2位までとる。

② ウォームアップ

　ウォームアップについては、スプリントテストの項目（P.59）を参照のこと。実際のテストの記録に入る前に一度ゆっくりと、次に中くらいの速さでテストコースの試走を行う。

図58 アロウヘッド・アジリティーテストのコース

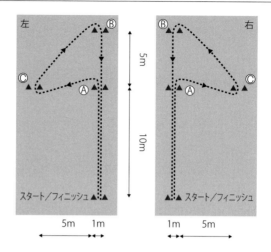

アロウヘッド・アジリティーテストのコース。点線が走るコースを示す。

表28 アロウヘッド・アジリティーテストの評価表

アロウヘッド・アジリティーテスト
男子

時間（秒）	評価
<14.0	すばらしい
14.0～15.0	非常によい
15.0～16.0	よい
16.0～17.0	普通
17.0～18.0	低い
>18.0	劣る

女子

時間（秒）	評価
<15.0	すばらしい
15.0～16.0	非常によい
16.0～17.0	よい
17.0～18.0	普通
18.0～19.0	低い
>19.0	劣る

③ ▶ テスト結果の解釈

　各国代表クラスの選手は、左右それぞれ7～8秒で走り、合計14～16秒という記録になる。**表28**に、各国代表クラスの結果をもとにした評価表を示した。
　プロの成人選手は、このアロウヘッド・アジリティーテストで、育成年代の選手よりも優れた記録を出すことが明らかにされている。さらに、エリートレベルのユース選手では、年齢によって差があることも示されている（**表29**）。表には

表29 デンマークのエリートレベルの男女12歳と14歳によるアロウヘッド・アジリティーテストの結果

アロウヘッド・アジリティーテスト
男子

年齢	時間（秒）
12歳	18.0
14歳	17.4

女子

年齢	時間（秒）
13歳	18.4
14歳	17.8

12歳と14歳のデータを示した。

　アメリカのユースアカデミーが実施したテストでは、冬から春にかけて（約3カ月）アロウヘッド・アジリティーテストの結果が約4％向上した。U16とU18の選手はそれぞれ16.35秒と16.25秒であり、U20のアメリカ代表選手では平均、約15.5秒であることが報告されている。

④ ボールキープのコーディネーション

　サッカーにおいて、狭いスペースでの高速の動きの中で、高い技術を発揮できることはきわめて重要である。**表30**は、1人のサイドミッドフィルダーの選手が試合中に行ったいくつかの技術的なプレーとその数をまとめたものである。こうした技術的能力の1つであるボールを伴った敏捷能力は、ショート・ドリブルテストで評価することができる。

表30　1試合中にエリートレベルのサイドミッドフィルダーの選手が行った技術的プレーの数

技術的プレーの数	
ドリブル	17
クロス	6
シュート	4
パス	34
レシーブ	31

ショート・ドリブルテスト

① テストのやり方

●●●**目的**：ボールを伴ったコーディネーション能力とスピードを評価する。

●●●**準備するもの**：電光計測装置（例えば光電管）またはストップウォッチ、メジャー、コーン13個、筆記用具。

ショート・ドリブルテストを行う選手

図59　ショート・ドリブルテストのコース

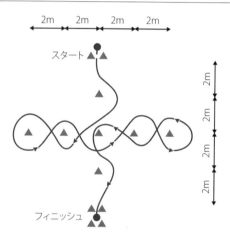

スタートからドリブルを開始し、フィニッシュでボールを止める。

●●●**実施方法**：図59に示したようにコーンを配置する。選手はスタートライン上に一方の足を置き、もう一方の足をその後方に置いた姿勢からスタートする。テスト管理者の「3、2、1」、「ゴー」の合図に合わせてスタートし、図に示したとおりにドリブルで移動する。マーカーを用いる場合、もし選手がマーカーをまわらずにまたいでしまった場合は失格とし、もう一度最初からやり直させる。テスト結果はスタートからフィニッシュまでのタイムで、記録は小数点第2位までとる。

表31　ショート・ドリブルテストの評価表

ショート・ドリブルテスト
男子

時間（秒）	評価
<10.0	すばらしい
10.0〜11.0	非常によい
11.0〜12.0	よい
12.0〜13.0	普通
13.0〜14.0	低い
>14.0	劣る

女子

時間（秒）	評価
<11.0	すばらしい
11.0〜12.0	非常によい
12.0〜13.0	よい
13.0〜14.0	普通
14.0〜15.0	低い
>15.0	劣る

② ウォームアップ

ウォームアップについては、反復スプリントテストの項（P.59）を参照のこと。実際の計測を開始する前に、一度ゆっくりとしたペースでテストコースを試走する。

③ テスト結果の解釈

エリートレベルの男子選手はこのテストを約11秒でこなす。**表31**に、各国代表クラスの選手の結果をもとにした評価表を示した。

④ 要約

偉大なサッカー選手は、皆すぐれた敏捷性を持っている。ボールを伴った敏捷性はショート・ドリブルテスト、ボールを伴わない敏捷性はアロウヘッド・アジリティーテストによって評価することができる。これらのテストは、育成年代の選手の発達を評価する上で特に役立つ情報を提供してくれる。

9 爆発的筋力とパワーのテスト

　サッカーの試合では、スプリント、ジャンプ、シュート、タックル、加速、減速、方向転換、そしてスローイングといった動作にはすべて、高速で筋力を発揮する能力、すなわちパワー（筋力×スピード＝パワー）発揮を伴う爆発的動作が数多く見られる。これらの動作が試合中に何回くらい行われているかについて、**表32**に示した。試合で爆発的動作が必要とされる場面でのパワーは、筋力と動作のコーディネーション能力に依存する。選手の爆発的パワーを評価する簡単な方法は、選手にジャンプをさせることである。選手のジャンプ能力の測定によって、爆発的パワーを測ることができる。**図60**にサッカーの試合場面で最も重要であり、大きなパワー発揮を必要とする筋群を示した。これらの筋群の能力がジャ

表32　試合中に選手が行ったスプリント、ジャンプ、タックル、爆発的な方向転換、そして最大加速のそれぞれの回数

エリートチーム	
スプリント	12〜35
ジャンプ	9〜22
タックル	13〜18
方向転換	51〜82
最大加速	35〜72

図60　サッカー選手が鍛えるべき重要な筋群

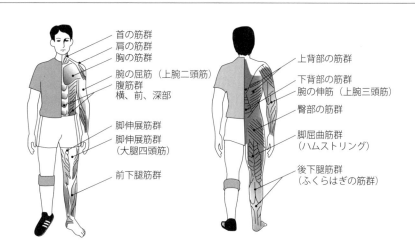

図は試合中のハイパワーを生み出す筋群を示している。これらの筋群のパワーは、ジャンプテストによってある程度評価することが可能である。

ンプテストによって評価できる。

　エリート選手は1試合中に平均9〜22回のジャンプを行う（**表32**）。ゴールキーパー、センターバック、そしてフォワードといったポジションの選手にとっては、ジャンプ能力が試合の結果を左右するくらい不可欠なものとなる。したがって、これらの選手にとっては、ジャンプテストの結果はきわめて重要な意味を持つ。ジャンプテストは腕振りを使っても使わなくてもできるが、両方行うことで次のような情報を得ることができる。例えば2人のゴールキーパーのカウンター・ムーブメント・ジャンプをテストしたところ、腕振りなしでそれぞれ43cmと45cm跳び、次に腕振りありで55cmと49cm跳んだ。このことから、一方のゴールキーパーは、腕振りを使うことによってより優れたパフォーマンスを発揮することができるが、もう一方のゴールキーパーは腕振りを使ってもほとんどジャンプパフォーマンスに変化がないことがわかる。この結果から、後者にはジャンプ動作における腕と脚の動作におけるコーディネーション能力に問題があることを発見することができるのである。

　いくつかのゲーム場面では、選手に爆発的筋収縮を反復することが要求される。したがって、選手の反復ジャンプのパフォーマンスをテストすることも有益だろう。以下に、カウンター・ムーブメント・ジャンプテストおよび反復ジャンプテストについて解説した。また、各国代表クラスの選手によるこれらのテスト結果も提供する。

カウンター・ムーブメント・ジャンプテスト

①▶テストのやり方

　選手の爆発的パワーを評価するためには、カウンター・ムーブメント・ジャンプを用いることができる。このテストは簡単ですぐに実行することができる。

●●●**目的**：選手の爆発的パワーを評価する。
●●●**準備するもの**：電気計測ジャンプマットと筆記用具。
●●●**実施方法**：電気計測ジャンプマットをしっかりとした硬いグラウンド上に設置する。

　両手を腰に当てた直立姿勢から、カウンター・ムーブメント・ジャンプを行う。各自の好きな位置まで脚を曲げてよい。滞空時間が計測され、それを元に跳躍高が計算される。テストは腕振りを自由に使って行うことも可能である。完全に回復させるために少なくとも30秒間の休息時間をとって、3回のカウンター・ムーブメント・ジャンプを実施する。テスト管理者が各ジャンプに合わせて「3、2、1」、「ゴー」の合図を出すとよい。

カウンター・ムーブメント・ジャンプを実施する選手

② ▶ ジャンプテストのウォームアップ

ジャンプテストにおける跳躍高は、筋温によって強く影響を受けるため、ジャンプテストを実施する前にはしっかりとしたウォームアップが必要である。以下のウォームアップ法をジャンプテストの前に実施するとよい。

- スキップ、シャッフル、バック走など脚部の運動を入れながらゆっくりと4分間ジョギング。
- ふくらはぎ、ハムストリング、大腿四頭筋、股関節内転筋群、臀部の筋群のストレッチを2分間。
- スピードや方向を変えながら3分間のランニング。さらに中くらいの強度で5回のジャンプ。
- 2分間のストレッチング。
- ハイスピードでのスプリント(15m)を20秒のジョギングを入れて3本。最後の1本は最大スピードで。1分間のストレッチ後、2〜3回のほぼ全力でのジャンプを20秒ほどの休息を挟んで実施する。

③ ▶ テスト結果の解釈

カウンター・ムーブメント・ジャンプテストのパフォーマンスには、同じチームの中でも選手間で大きな差が見られる。男子のエリート選手の平均値は、腕振りなしで約44cmで、36〜56cmの範囲にある。女子では30〜45cmの範囲で平均値は約36cmである(**表33**)。**表34**には、男女各国代表クラスの選手から得られた結果に基づくカウンター・ムーブメント・ジャンプの評価表を示した。

表33　エリートレベルの男子および女子によるカウンター・ムーブメント・ジャンプテストの平均値と範囲（腕振りなしの場合とありの場合）

カウンター・ムーブメント・ジャンプテスト

	腕振りなし（cm）	腕振りあり（cm）
男子	44（36～56）	57（49～66）
女子	36（30～45）	42（35～51）

表34　腕振りなしのカウンター・ムーブメント・ジャンプの評価表

カウンター・ムーブメント・ジャンプテスト（腕振りなし）

男子

高さ（cm）	評価
>55	すばらしい
50～55	非常によい
45～50	よい
40～45	普通
35～40	低い
<30	劣る

女子

高さ（cm）	評価
>45	すばらしい
40～45	非常によい
35～40	よい
30～35	普通
25～30	低い
<25	劣る

④▶ポジション特性

　カウンター・ムーブメント・ジャンプテストのパフォーマンスは、選手のポジションと関係があり、ゴールキーパーとセンターバックそしてフォワードは、他のポジションに比べて高く跳べる（図61）。面白いことに、男子のゴールキーパー、センターバックそしてフォワードの選手は、腕振りなしで40cm以上ジャンプすることができるのに、中盤の選手は跳躍高に大きな幅がある（36～54cm）。女子選手では、ゴールキーパーとフォワード（35cm）はセンターバック、サイドバック、そしてミッドフィルダーよりも高く跳べる。これらのことから、高く跳ぶ能力は、ゴールキーパーとディフェンダーとフォワードにとっては重要となるが、ミッドフィルダーにとってはその戦術的役割や選手の個性によってジャンプの重要性は異なるといえる。

⑤▶育成年代の選手

　爆発的パワーは年齢との関係が強い。というのは、思春期以降の男子においては、18歳になるまで筋肉量とパワー出力が徐々に増大し続けるからである（図62）。

図61　ポジション別に見たカウンター・ムーブメント・ジャンプテストのパフォーマンス

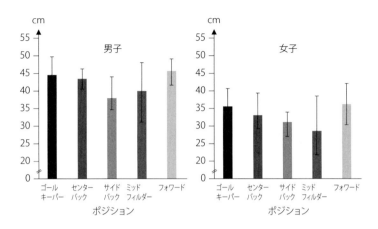

棒グラフ上に垂直に示したラインはデータの範囲（標準偏差）を示す。ミッドフィルダーにおいて他のポジションよりもデータのバラツキが大きいという点に注目。

図62　筋肉量の発達における男女比較

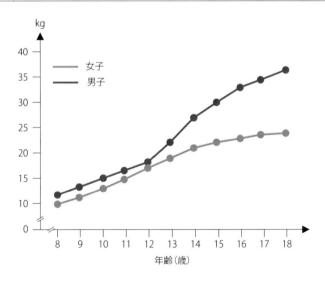

男子と女子の筋肉量の発達。男子では思春期以降に顕著な発達が見られる点に注目。

　男子に見られる、筋肉量だけではなくパワー出力や筋力さらにジャンプパフォーマンスの年齢が増すにつれて発達していく傾向は、女子よりも顕著である。例えば、準エリートレベルの12歳の選手では、カウンター・ムーブメント・ジャンプの跳躍高に男子と女子とでほとんど差が見られないが、14歳、17歳になる

と明らかに男子のほうが高く跳べるようになる（**表35**）。

⑥ ▶ シーズン変化

　フェロー諸島の、ある男子エリートチームにおいてシーズンを通してカウンター・ムーブメント・ジャンプテストが実施された。このチームは、プレシーズンに比較的長い期間をおいたため、パワー向上のためのトレーニングに時間をかけることができた。その結果、プレシーズンのトレーニングが開始する時点での跳躍高は38cmであったが、インシーズン開始時に43cmにまで向上した。選手の中には9cmもジャンプ力を伸ばした者もいた。その後インシーズン中はシーズン開始時のパフォーマンスが維持されていた。インシーズン中にケガをした選手に対しては、リハビリテーションの一環として、カウンター・ムーブメント・ジャンプテストが行われた。**図63**に、ある選手のハムストリング負傷前後のジャンプパフォーマンスを示した。

表35　男子と女子の異なる3つの年齢群（12歳、14歳、17歳）における腕振りなしのカウンター・ムーブメント・ジャンプテストのパフォーマンス

カウンター・ムーブメント・ジャンプテスト

年齢 （歳）	男子 （cm）	女子 （cm）
12	26（20〜35）	24（17〜30）
14	33（24〜39）	29（21〜33）
17	37（29〜45）	33（25〜41）

図63　カウンター・ムーブメント・ジャンプテストにおけるリハビリテーションの効果

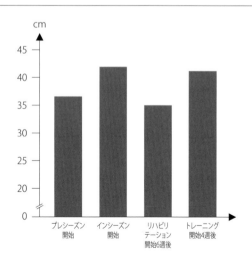

ハムストリングを負傷したある選手のリハビリテーション前とリハビリテーション期間におけるカウンター・ムーブメント・ジャンプテストのパフォーマンス。

⑦ ▶ 連続ジャンプ能力

　サッカーでは、ときに激しい動きをした直後に、すぐにまた大きなパワーを発揮しなければならないことがある。したがって、ジャンプを繰り返す能力をチェックすることも重要となる。ジャンプの最大跳躍高は試合中に変化しないが、連続ジャンプのパフォーマンスは大きく低下するということは指摘されてきた。さらに、1回のカウンター・ムーブメント・ジャンプで高く跳べる選手が必ずしも反復ジャンプ能力でも優れているとは限らないことも明らかにされている。以下に示すファイブ・ジャンプテストは、試合中に連続して激しいプレーを遂行する能力についての情報を得るためのテストである。

ファイブ・ジャンプテスト

① ▶ テストのやり方

- **目的**：選手の最大パワーを繰り返し発揮する能力を評価する。
- **準備するもの**：電気的ジャンプマットと筆記用具。
- **実施方法**：ファイブ・ジャンプテストは、単発のカウンター・ムーブメント・ジャンプテストと同じことを5秒間のインターバルを置いて5回繰り返す。ジャンプの着地から5秒後に、次のジャンプを実施するためにテスト管理者は「3、2、1」、「ゴー」の合図を送る。選手に対して、この短い回復期間に集中して、次のジャンプに備えるようにさせる。

② ▶ ウォームアップ

　ウォームアップについてはカウンター・ムーブメント・ジャンプテストの項（P.79）を参照のこと。

③ ▶ テスト結果の解釈

　男子と女子のエリート選手におけるファイブ・ジャンプテストの結果を**表36**に示した。また**表37**は、各国代表レベルの選手の結果をもとにした評価表である。

④ ▶ 脚筋力のテスト

　ジャンプ、加速、スプリントといった爆発的な動作は、選手の筋力および動作のコーディネーション能力によって決定される。下肢の筋力を調べるためにはスクワットテストを用いることができる。スクワットの動作には複数の関節と筋群が関与するため、こうした爆発的動作を遂行する能力の評価として有用な方法で

表36　エリートレベルの男子選手と女子選手における腕振りありと腕振りなしによるファイブ・ジャンプテストの平均値とデータの幅

ファイブ・ジャンプテスト

	腕振りなし（cm）	腕振りあり（cm）
男子	41（32～51）	54（45～61）
女子	34（29～40）	38（31～47）

表37　ファイブ・ジャンプテストの評価表

ファイブ・ジャンプテスト

男子

高さ（cm）	評価
>50	すばらしい
45～50	非常によい
40～45	よい
35～40	普通
30～35	低い
<30	劣る

女子

高さ（cm）	評価
>45	すばらしい
40～45	非常によい
35～40	よい
30～35	普通
25～30	低い
<25	劣る

あるといえる。これまでも、エリート選手レベルにおいて、スクワットテストの結果が10mスプリントや30mスプリント、さらに10mシャトルランテストの結果と関係があることが示されてきた（**図64**）。スクワットテストの実施方法は以下に示すとおりである。

スクワットテスト

① ▶ テストのやり方

●●●**目的**：脚筋力を調べる。

●●●**用意するもの**：スクワット用のラックと筆記用具。

●●●**実施方法**：肩の高さよりもやや低い位置にスクワットラックのフックをセットする。肩と上背部の筋肉でバーを支持できるように選手の肩の後ろでバーを担ぐ。左右の肩甲骨の頂点をクロスするような位置にバーを保持する。バーをオーバーグリップで握り、両足を肩幅に開く。肩に担いだバーをラックから持ち上げて外し、1歩後方に下がる。そこから膝を曲げ、膝角度が約90°になるまでゆっくり腰を下ろす。このとき、下背部はアーチを描くようにやや反らせる。上体の垂直

図64　スクワットの最大挙上重量と各種スプリントテストとの関係

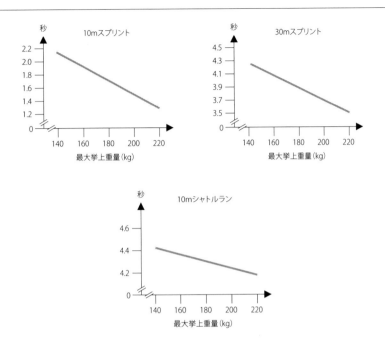

姿勢を維持するため、選手の目線は真っすぐ前か、やや上前方を見るようにする。
　膝が90°に曲がった姿勢から踵で地面を押すようにして立ち上がり、もとの直立姿勢に戻る。もし選手がバーを持ち上げられなくなったときに助けることができるように、両側に1人ずつ補助を配置する。スクワットテストは、技術的に難しく、正しい動作ができるようになるまでしっかりとした準備が必要となる。その点では、最大5回挙上テスト（5RMテスト）と呼ばれる5回持ち上げることのできる最大の重さを測るテスト方法を推奨しておく。毎回、5回持ち上げることのできるウエイトへ負荷を上げていく。試行間の休息は1分以上開ける。5RMの重さが1RMのほぼ85%になることから、1RMに相当するウエイトの重さを計算によって求める。例えば、5RMが150kgだとすると、1RMは、174kg（=150kg÷0.85）と計算される。

② ▶ ウォームアップ

　スクワットテストを実施する前に、選手は適切なウォームアップを実施しなくてはならない。まず、カウンター・ムーブメント・ジャンプテストの項で示したのと同じウォームアップ（P.79参照）を実施した上で、さらに約3分間背中のエクササイズを行い、ウエイトなしのスクワット動作を約2分間実施するべきである。

③ ▶ テスト結果の解釈

　スクワットテストはサッカーにおける脚筋パワーを評価するためのテストとして最も頻繁に使われているテストである。多関節動作であるという点および大きな筋群が関与するという点で、スクワットテストはサッカー選手の脚部の筋力を調べるために好都合である。男子エリート選手におけるスクワット1RMの平均値は175kg、女子は120kgであるが、個人差は大きい（**表38**）。**表39**には、エリート選手の評価表を示した。

④ ▶ 筋力とコーディネーション能力の評価

　エリート選手を対象とした研究によって、カウンター・ムーブメント・ジャンプテストのパフォーマンスは、スクワットテストにおける1RMの値と正の相関関係にあることがわかっている（**図65**）。しかし、図中の①と●で示したように、この関係が当てはまらない選手もいる。例えば①で示した2人の選手は同じ跳躍力を持つが、スクワットのパフォーマンスは異なる。また、●で示した2人の選手のスクワットは同じ1RMなのに、ジャンプ力は大きく異なる。こうした選手のうち、スクワットの成績はよいのに、跳べない選手はコーディネーション能力を高めることで、高く跳べるようになるだろう。逆に、スクワットの1RMが低いにもかかわらず、比較的高く跳べているという選手の場合、さらにジャンプパフォーマンスを向上させるためには、筋力を高めるべきであるということになる。

⑤ ▶ ポジション特性

　エリート男子プレーヤーを対象とした研究で、ゴールキーパーとセンターバックがサイドバックやフォワードと比べて優れたスクワット挙上値を持っていることが示された（**図66**）。しかしながら、ゴールキーパーとセンターバックは同時に背が高く、体重も重い。そこで、スクワットの1RMを体重に対する相対値で補正すると、各ポジションにおける差は存在しないことが明らかとなった。

⑥ ▶ シーズン変化

　あるエリートチームの男子選手を対象として、2年間にわたるシーズンごとのスクワットパフォーマンスが測定された。最初のテストを実施するまで、どの選手も体系的な筋力やパワートレーニングは行っていなかった。したがって、最初のプレシーズン開始時の記録は低い（**図67**）。しかし、4カ月間の長いプレシーズンを経て、スクワットのパフォーマンスは、大きく向上し、このレベルはインシーズン中および翌年のプレシーズンでも維持された。さらに、次のプレシーズンのトレーニングで選手達はさらに記録を向上させた。

表38 エリートレベルの男子選手と女子選手におけるスクワットテスト（1RM）の平均値と幅

スクワットテスト	
1RM（kg）	
男子	175（150～210）
女子	120（90～150）

表39 スクワットテスト（1RM）の男子と女子の評価表

スクワットテスト
男子

1RM（kg）	評価
>225	すばらしい
210～225	非常によい
195～209	よい
180～194	普通
165～179	低い
<165	劣る

女子

1RM（kg）	評価
>175	すばらしい
150～175	非常によい
135～149	よい
110～134	普通
90～109	低い
<90	劣る

図65 スクワットの最大挙上重量とカウンター・ムーブメント・ジャンプテストのジャンプ高との関係

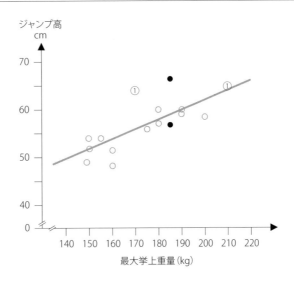

男子エリートサッカー選手における、スクワットテストの結果（1RM）とカウンター・ムーブメント・ジャンプテストのパフォーマンスとの関係。ほぼ同じスクワット記録でジャンプ能力が異なる2名の選手（●）と、跳躍高がほぼ同じなのにスクワットの記録が異なる2名の選手（①）を強調して示した。

図66　スクワットパフォーマンスのポジション別比較

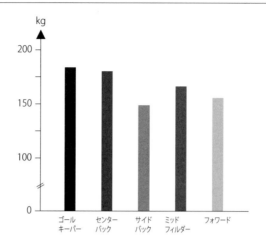

図67　スクワット挙上重量のシーズン変化

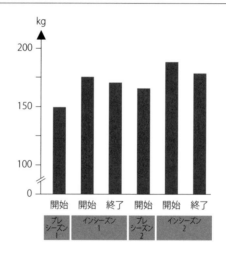

⑦ ▶ 上半身の筋力テスト

　サッカー選手にとって、上半身の筋力もまた重要であり、上半身のパワーは試合中に優れたパフォーマンスを発揮する上で役立つ。例えば、スローインの距離は、ベンチプレステストで評価される胸の筋力と正の相関関係にあることが示されている（図68）。したがって、ベンチプレスの1RMで評価される胸筋と腕の伸展筋の筋力をスローインの距離と比較することにより、各選手に適したトレーニングを計画することができる。例えば、ベンチプレス能力が低いにもかかわらず、スローインで遠くまで投げることができる選手がいたら、もっと筋力を向上させ

るトレーニングをすることで、よりスローインの距離を伸ばすことができる。これとは逆に、ベンチプレスは強いのに、スローインでは遠くに投げることができない選手の場合は、もっとスローインに関係する技術あるいはコーディネーション能力の改善に取り組むべきである。**表40**には、エリートレベルの男子成人およびU19のチームから得られたベンチプレスの最大挙上重量のテスト結果を示した。成人選手のほうが明らかに大きな値を示している。

図68　スローインの投距離とベンチプレスの最大挙上重量との関係

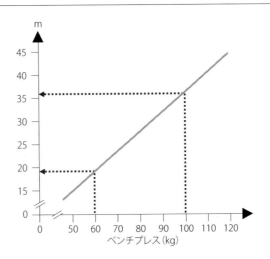

ベンチプレスで重い重量を持ち上げられる選手ほどスローインでより遠くに投げられるという相関関係が見られることに注目。ベンチプレステストの結果は最大スローイン投距離の推定に用いることができる。例えば、ベンチプレスでの60kgの選手はスローインを19m弱投げることができ、ベンチプレスの100kgの選手は、約36m投げることができる。

表40　男子エリートレベルの成人チームとU19チームから得られたベンチプレステスト（1RM）の平均値とその範囲

ベンチプレステスト

1RM（kg）	
エリート成人	88（73〜110）
エリートU19	72（63〜90）

エリート成人の選手はU19の選手に比べて15〜20%高い値を示す。

ベンチプレステスト

① ▶ テストのやり方

●●●**目的**：胸の筋群と腕の伸展筋群の筋力を調べる。

●●●**用意するもの**：ベンチプレス台と筆記用具。

●●●**実施方法**：ベンチ上に仰向けに寝る。ラックからバーベルを外し、ゆっくりと胸まで下ろして、すぐに腕が完全伸展するまで押し上げる。ベンチプレステストを実施する際には、常にバーを握る幅が同じになるようにする（腕の長さに応じて約65〜80cm）。

② ▶ ウォームアップ

ベンチプレステストを実施する前には、上半身に対する適切なウォームアップを実施しなければならない。まず、全身を5〜7分間、低強度から中強度のエクササイズを行い、次いで腕立て伏せ10回を2セット実施し、中くらいの重さ（予想される1RMの約70%）で3回ベンチプレスを行う。このときの休息時間は30秒とする。

③ ▶ テスト結果の解釈

表41は、男子と女子のエリートレベル選手の結果をもとにしたベンチプレステストの評価表である。

④ ▶ 要約

サッカー選手にとって爆発的な運動を行う能力は試合結果を左右する重要な能力である。この能力を評価する方法にはさまざまなものがある。カウンター・ムーブメント・ジャンプテストから、選手の爆発的な筋力発揮の情報を得ることができる。いっぽう、スクワットテストからは、選手の脚筋力に関する一般的な情報が得られる。これら両方を同じ時期に実施することで、選手の弱点を見つけることができる。また、ベンチプレステストは上半身の筋力を調べるために用いる。

表41 男子と女子のベンチプレステストの評価表

ベンチプレステスト
男子

1RM（kg）	評価
>95	すばらしい
90〜95	非常によい
85〜89	よい
80〜84	普通
75〜79	低い
<75	劣る

女子

1RM（kg）	評価
>80	すばらしい
75〜80	非常によい
70〜74	よい
65〜69	普通
60〜64	低い
<60	劣る

10 バランスのテスト

　すぐれたバランス能力はサッカー選手にとって不可欠であり、この能力の測定はユース年代の選手のトレーニングのみならず、成人プレーヤーにとってもリハビリテーションや障害予防の観点から有用である。一般的には、バランス能力が低いと靭帯損傷のリスクが高まる。さらに、バランス能力の左右差はケガの発生要因となるため、バランスの非対称性を調べることが重要である。近年の科学的研究で、利き足と非利き足の間に顕著なバランスの違いを持つ選手が少なくないことがわかった。さらに、バランス能力は、筋力をすばやく発揮する能力の発達に関係することが示された。したがって、バランス能力は、爆発的な運動を遂行する能力にも影響を与えると思われる。加えて、バランス能力は競技レベルとも関係があり、熟練した選手ほどすぐれたバランス能力を示すことが明らかにされている。これらのことから、バランス能力を評価することは、サッカー選手の身体的な準備を進めていくうえで多くの利点があるといえる。バランス能力を評価する一つの簡単な方法はビーム・バランステストである。

ビーム・バランステスト

① テストのやり方

　ビーム・バランステストとは、片脚でトータル1分間バランスビームの上に立つのに何回バランスを崩して落下するかをカウントするテストである（図69）。
●●●**目的**：選手のバランス能力を評価する。
●●●**用意するもの**：バランスビーム（長さ50cm×幅2.5cm）、ストップウォッチおよ

図69　ビーム・バランステストを行う選手のイラスト

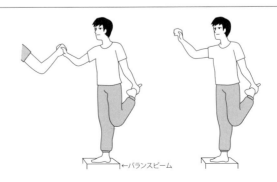

び筆記用具。

●●●**実施方法**：バランスビームの中央に片足を置き、誰かに支えてもらってバランスをとる。補助の手が離れた瞬間にストップウォッチをスタートさせる。バランスを崩してビームから落下した瞬間にストップウォッチを止め、ビーム上に片脚で立ったらストップウォッチ計測を再開させ、合計1分間になるまでの落下回数をカウントする。テスト結果は落下の回数である。左右の脚についてテストする。

② ウォームアップ

5分間の軽いジョギング、スキップ、シャッフル、サイドステップ、そしてバック走のあと、ストレッチを2分間行う。テストを開始する前に、5秒間の試しを2回行うことができる。

③ テスト結果の解釈

ビーム・バランステストは、姿勢制御に関するより詳細な測定と相関することが示されている。したがって、このテストは選手のバランス能力を評価するのに妥当である。表42に、エリートレベル選手の結果をもとにした評価表を示した。

④ 要約

ビーム・バランステストは、基本的なバランス能力を測定するテストであり、フィールドで簡単に実施できる。育成年代の選手やケガをしたあとのリハビリテーション期間において特に有用である。ビーム・バランステストはまた、左右差を見つけるためにも利用することができる。

表42　成人プレーヤーとユースプレーヤーのビーム・バランステストの評価表

ビーム・バランステスト
成人（男女）

落下回数	評価
0	すばらしい
1～3	非常によい
4～5	よい
6～7	普通
8～9	低い
>10	劣る

ユース（男女）

落下回数	評価
0～2	すばらしい
3～5	非常によい
6～7	よい
8～10	普通
11～15	低い
>15	劣る

11 フットサル

　フットサルは、1チーム5名で38〜42m×18〜25mの、主としてインドアコートで行われるサッカーの一種である。通常のサッカーボールよりもひとまわり小さく、弾み方もやや少ないボールが用いられる。狭いコートで、通常のサッカーよりも面積当たりのプレーヤー数が多くなるため、選手には即興性、創造性、テクニック、そして狭いスペースでのボールコントロールとパススキルが要求される。アイルランドサッカー協会が行った観察によると、ボールタッチ数、パスの本数、ドリブルの回数、シュート数、ゴール数、そしてボール奪取数のすべてにおいて、フットサルコートと同じ大きさのフィールドで行われた通常の5対5のミニゲームよりも、フットサルのほうが明らかに多かった。

　フットサルは、間欠的なスポーツであり、試合中3〜4秒間隔で次々と新しいプレーが行われる。試合中の総走行距離の約5%がスプリントであり、これは11名対11名の通常のサッカーよりも多い（**図69**）。スプリントは平均すると80秒に1回行われているが、その内の60%はスプリント間の回復時間が40秒以下である。さらにフットサルの活動分析によると、短い回復時間（25秒以下）で3〜4回続くスプリントが試合中の重要な局面で行われている。したがって、フットサルには激しい動きからのすばやい回復が必要とされるのである。フットサルの試

図69　フットサルのゲームにおける活動プロフィール

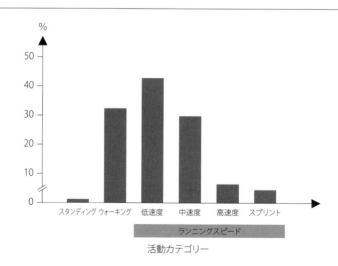

全試合時間におけるそれぞれの活動時間の割合がパーセントで示されている。

合中のスプリントの距離は5〜20mであり、平均すると10mとなる。各国代表クラスのゲーム中に行われた生理学的な測定によって、平均心拍数は最大値の約90%であり、血中乳酸濃度は、通常のサッカーの試合中に見られるのと同じレベルであった（2〜12 mmol/lの幅で平均6 mmol/l）。したがって、フットサルは、スプリントを何回も連続的に繰り返し、有酸素性エネルギーシステムと無酸素性エネルギーシステムの両方にきわめて大きな負担を強いるスポーツであり、この点をフットサルの体力を評価する際に考慮する必要がある。

　各国代表クラスのフットサル選手が、取り組んでいる体力テストの多くは、最大酸素摂取量テストである。このクラスの男子フットサル選手の最大酸素摂取量は約65（54〜76の範囲）ml/kg/分で、これはエリートサッカー選手と同レベルである。近年、南米のエリートフットサル選手に対するYo-Yo IR2が実施された結果、平均値は約1300mであり、よく鍛えられている各国代表クラスのサッカー選手と同じレベルにあることがわかった。

フットサルのためのテスト項目

① テストのやり方

　フットサルのパフォーマンスはサッカーのパフォーマンスと同様に、さまざまな身体能力に依存している。したがって、これらの能力をすべてテストすることが重要である。**表43**にフットサル選手のための体力テストの概略を示した。年齢と性別に関するガイドラインはサッカー選手のテストと同様である。

表43　フットサルの選手に関係する体力テスト項目

フットサル選手のための体力テスト項目	
持久力：	Yo-Yo IE
間欠的高強度運動能力：	Yo-Yo IR
スプリント能力：	10m単発スプリントを含む直線スプリントテスト
クリエイティブスピード：	クリエイティブ・スピードテスト
敏捷性：	アロウヘッド・アジリティーテストおよびショート・ドリブルテスト
爆発的パワー：	カウンター・ムーブメント・ジャンプテスト
筋力：	スクワットテスト
バランス：	ビーム・バランステスト

② 要約

　フットサルは高強度の間欠的スポーツであり、ゲームに要求される体力はサッカーときわめて類似している。したがって、基本的に、サッカー選手のために用いられるのと同じ体力テストをフットサルにおいても適用することができる。

12 体力テストの計画

体力テストを実施する時期については、テストの目的との関連で注意深く決める必要がある。体力トレーニングの内容が大きく変化したあとや、シーズン中に選手のパフォーマンスが維持されているかどうかを評価するためにテストを実施することが有効であることが多い。以下では、プレシーズン、インシーズンにおけるテスト実施のための一般的なパターンについて解説する（図70）。

① プレシーズン

Yo-Yo IE（Yo-Yo間欠的持久力テスト）をシーズン前の早い時期に行う。これにより、選手の体力レベルに関する情報を得ることができる。ただし、テストに対する準備が整うまでに何回かのトレーニングセッションを必要とすることが多いため、トレーニング開始の初日にはこのテストを実施するべきではない。プレシーズンの初期段階から体力がどれくらい改善したかを評価するために、インシーズン開始の2週間前にもう一度Yo-Yo IEテスト行う。シーズン開始2週間前というタイミングは、もし体力が十分なレベルまで達していない選手がいた場合に、さらにトレーニングを継続していくための十分な期間を確保するためである。

エリートレベルのチームにおいては、Yo-Yo IR（Yo-Yo間欠的回復能力テスト）のパフォーマンスもプレシーズンに評価するべきである。Yo-Yo IR1をプレシーズンの第4週以降あたり、そしてもう1回はインシーズンスタート1週間前に実施

図70 体力テストの計画

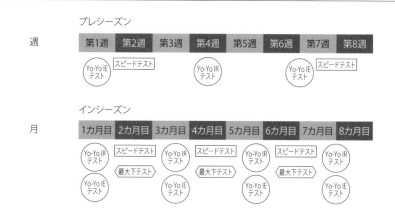

プレシーズンとインシーズンのどの時期にどのテストを実施するべきかについての計画例。これ以外にさらにテストを実施することも可能である。

するとよいだろう。これにより、プレシーズンの最終盤のトレーニング効果を確認し、インシーズンスタートに向けて選手の準備状態が整っているかどうかを知ることができる。そして、この結果をインシーズン開始後の値と比較していくのである。

スプリント能力は、選手がプレシーズンのトレーニングに適応した後の7〜10日目に実施し、インシーズンスタート前の1〜2週間前にもう一度実施する。敏捷性、爆発的パワーおよびバランスといった他の要素に関するテストもこれと同じ時期に実施するとよいだろう。

② ▶ インシーズン

インシーズンでは、多くの選手がパフォーマンスを著しく低下させることがあるため（**図71**）、インシーズンにテストを実施することには大きな意味がある。しかしながら、ほとんどのクラブではインシーズンに規則的なテストを実施しないため、重要な情報を得ることができないでいる。

インシーズン中にテストを実施できない理由についての一般的な見解は、テストを実施する時間がないというものだ。しかし実際のところ、これは正しくなく、テストを実施するための計画の問題である。ほとんどのチームにとって、少なくとも2カ月に1回、疲労困憊まで追い込むテストを実施することが有効だろう。エリートチームにおいては、Yo-Yo IR2を実施するとよいが、そこまでレベルの高くないチームでは、Yo-Yo IE2もしくはYo-Yo IR1のほうがよいかもしれない。

図71　Yo-Yo IR2のシーズン変化

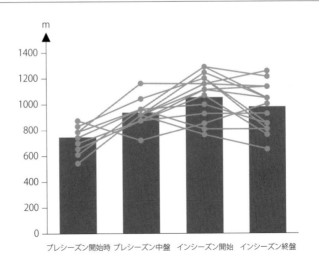

プレシーズンでのトレーニング前後、およびインシーズン中におけるYo-Yo IR2のシーズン変化。多くの選手がシーズン中にパフォーマンスを低下させている点に注目。

図72 Yo-Yo IR2におけるトレーニング効果

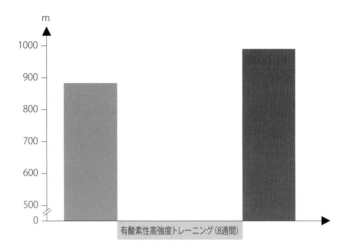

1週間に1回、30分間の有酸素性高強度トレーニングを8週間にわたって実施した前後のエリートチームにおけるYo-Yo IR2の変化を示す。

また、育成年代のチームにおいてはYo-Yo IE1を行うようにする。エリートチームにおいては疲労困憊まで追い込むテストに変えて、最大下Yo-Yoテストを4週間に1回、ウォームアップの一環として実施することができる。スプリントテストと敏捷性のテストも、インシーズン中定期的に、例えば、2カ月おきに実施してもよい。その他、爆発的パワーやバランスのテストは、トレーニングのねらいと選手の発達レベルに応じて取り組むようにする。

テストは、トレーニングに変更を加えたとき、その効果をチェックするためにインシーズン中に実施することもある。多くの研究が、インシーズン中に、より強度の高いトレーニングを実施することによって、パフォーマンスに対してよい効果が期待できることを示している。あるエリートチームを対象とした研究で、8週間にわたり週1回30分間の有酸素性高強度運動を取り入れただけで、Yo-Yo IR2のパフォーマンスが15％改善したことが報告されている（**図72**）。また、レベルの高いチームに所属する選手たちが、トレーニングの量を減らしつつ、有酸素性高強度トレーニングとスピード持久力トレーニングの強度を上げて2週間実施した結果、Yo-Yo IR2と反復スプリントテストのパフォーマンスを改善させたことも示されている（**図73**）。

③ インシーズンの中断期

インシーズンの中断は選手のパフォーマンスに大きな影響を与える。エリート選手を対象とした研究で、72時間まったく動かない生活をするとYo-Yo IR2のテ

図73　Yo-Yo IR2におけるトレーニング量の低下と強度増大の効果

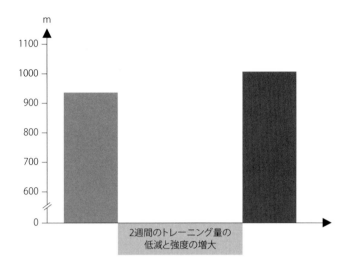

2週間にわたってトレーニング強度を上げるいっぽうでトレーニング量を減らした期間の前後における、Yo-Yo IR2の結果を示す。トレーニング量を減らしたにもかかわらず、選手はパフォーマンスを確実に改善させている点に注目。

スト結果が5％低下し、2週間のトレーニング中断で23％低下したことが示されている（**図74**）。したがって、インシーズンの中断初期にも選手はトレーニングを行うことが重要である。選手がクラブでのトレーニングを再開した際の体力評価には、エリートレベルでない選手に対してはYo-Yo IEを、そしてエリートレベルの選手に対しては強度の高いYo-Yo IR2を、インシーズンの再開に向けた準備期の開始段階で実施することができる。このテストの結果は、それまでのインシーズンに得られた結果と比較し、体力トレーニングの必要性について判断するための材料とする。そして中断期の最終段階のトレーニングを計画するために、インシーズンが再開する約10日前にもう一度テストを行う。Yo-Yoテストを実施する同じタイミングで、スプリントテストを行うことも役立つだろう。

④ ▶ 個人別のテスト

　チームでの定期的なテストの他に、各選手に対して個別にテストを実施することから有益な情報を得られることもある。例えば、リハビリテーション中の選手に対して、トレーニングの方向付けを行い、チーム練習や試合にいつ合流できるかを決定するためにテストを行うことが有効である。選手がケガをする以前の、定期的にゲームに出場していた時期のテスト結果やパフォーマンスと比較することによって、こうした評価が可能となる。本書で紹介したフィールドテストは、試合中に生じる動作と類似した動きを含むものとなっているため、特に有益であ

図74　Yo-Yo IR2におけるトレーニング中断の影響

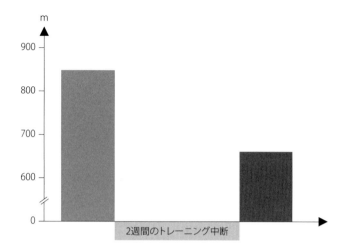

グラフは、あるエリートチームにおける2週間のトレーニング中断前後におけるYo-Yo IR2の結果を示す。2週間後に著しくパフォーマンスが低下している点に注目。

る。もし選手が完全に回復していなかったり、テスト中に何らかの痛みを感じたりしているようであれば、それらはテスト結果に反映する。個人別のテストは、その選手の体力トレーニングが十分になされているかどうかを調べるために、常に試合に出場していない選手に対して行うこともある。逆に、数多くの試合に常に出場し、トレーニングがほとんどできていない選手もパフォーマンスを低下させることがある。この場合もテストは役立つ情報を提供してくれる。また、個人別のテストは、スピードや筋力といったサッカーに必要な専門的要素を個々の選手別にフォーカスしてトレーニングした前後に、その効果を見るために用いることもできる。

⑤▶育成年代の選手

　育成年代の選手に対して定期的にテストを実施することにより、選手の発達度合を追跡することができる。したがって育成段階では全選手に対して、毎年何種類かのテストを実施することが推奨される。この場合のテストの組み合わせとしては、例えばYo-Yo IE1のような間欠的持久力テスト、ビーム・バランステストのようなバランステスト、ショート・ドリブルテストのような敏捷性テスト、およびカーブ・スプリントテストのようなスプリントテストがよいだろう。

⑥▶要約

　体力テストを定期的に実行することは、例えばチームが期待どおりに強化され

ているかどうか、選手の中にパフォーマンスを低下させているものがいないかどうか、といった事柄をチェックできるなどの多くの利点がある。こうした目的を達成するためには、テストがサッカーに関係したものでなければならない。本書で紹介したテストは、どれもサッカーに特化した専門的なものであるため、この目的のために使うことができる。個人別のテストは、個々の選手が特に鍛えたい要素についての情報を得るためにも活用することができるだろう。

参 考 文 献

- Andersson,H,Randers,MB,Heiner-Moller,Krustrup,P,Mohr,M (2010).
- Elite female soccer players perform more high-intensity running when playing in international games compared with domestic games.Journal of Strength and Conditioning Research,p. 912-919.
- Bangsbo,J(1994).The Physiology of Soccer-with special reference to intense intermittent exercise. www.bangsbosport.com.
- Bangsbo,J(1994).Fitness Training in Football-a scientific approach. www.bangsbosport.com.
- Bangsbo,J,Mohr,M,Krustrup,P(2006).Physical and metabolic demands of training and match-play in the elite football player.Journal of Sport Sciences,p. 665-674.
- Bangsbo,J (2008). Aerobic and Anaerobic Training in Soccer. www.bangsbosport.com.
- Bangsbo,J,Iaia,FM,Krustrup,P(2008).The Yo-Yo Intermittent Recovery Test:A useful tool for evaluation of physical performance in intermittent sports. Sports Medicine,p. 37-51.
- Bangsbo,J, Iaia,FM,Krustrup,P(2008).Metabolic response and fatigue in soccer. International Journal of Sports and Physiological Performance,p.111-127.
- Bloomfield,J,Polman,R,O'Donoghue,PG(2007). Reliability of the Bloomfield Movement Classification.International Journal of Performance Analysis in Sports,p.20-27.
- Bradley,PS,Mohr,M,Bendiksen,M,Randers,MB,Flindt,M,Barnes,C,Hood,B,Andersen,JL,DiMascio,M,Bangbo,J,Krustrup,P(2010).Submaximal and maximal Yo-Yo Intermittent Endurance Test Level 2: Heart rate response,reproducibility and application to elite soccer. European Journal of Applied Physiology,p.969-978.
- Iaia,FM,Rampinini,E,Bangsbo,J.(2009).High intensity training in football.International Journal of Sports and Physiological Performance,p.291-306.
- Krustrup,R,Mohr,M,Amstrup,Rysgaard,T,Johansen,J,Steensberg,A,Pedersen PK,Bangsbo,J(2003).The Yo-Yo Intermittent Recovery Test:Physiological response,reliability and validity.Medicine and Science in Sports and Exercise,p.695-705.
- Krustrup,P,Mohr,M,Ellingsgaard,H,Bangsbo,J(2005).Physical demands during an elite female soccer game:Importance of trainig status.Medicine and Science in Sports and Exercise,p.1242-1248.
- Krustrup,P,Mohr,M,Steensberg,A,Bencke,J,Kjaer,M,Bangsbo,J(2006).Muscle and blood metabolites during a soccer game:Implications for performance. Medicine and Science in Sports and Exercise,p.1165-1174.
- Krustrup,P,Mohr,Nybo,L.Jensen,JM,Nielsen,JJ,Bangsbo,J(2006).The Yo-Yo IR2 test:Physiological response,reliability and application in soccer. Medicine and Science in Sports and Exercise,p.1666-1673.
- Krustrup,P,Zebis,M,Jensen JM,Mohr,M(2010).Game-induced fatigue patterns in elite female soccer.Journal of Strength and Conditioning Research,p.437-441.
- Mohr,M,Krustrup,P, Bangsbo,J(2003).Match performance of high-standard soccer players with special reference to development of fatigue.Journal of Sport Sciences. p.519-528.
- Mohr,M,Krustrup,P,Bangsbo,J(2005).Fatigue in soccer:A brief review.Journal of Sport Sciences. p.593-599.
- Mohr,M,Krustrup,P,Andersson,H,Kirkendal,D,Bangsbo,J(2008).Match activities in elite women soccer players at different performance levels.Journal of Sport Sciences. p. 519-528.

索引

- Mujika,I,Spencer,M,Santisteban,J,Goiriena,JJ,Bishop,D(2009).Age related differences in repeated-sprint ability in highly trained youth football players. Journal of Sport Sciences,p.1581-1590.
- Randers,MB,Mujika,Hewitt,A,I,Santisteban,J,Bischoff,R,Solano,R,,Zubillaga,A ,Peltola,E,Krustrup,P,Mohr,M(2010).Application of four different match analysis systems -A comparative study. Journal of Sports Sciences,p.171-182.
- Rostgaard,T,Iaia,FM,Simonsen,DS,Bangsbo,J(2008). A test to evaluate the physical impact on technical performance in soccer.Journal of Strength and Conditioning Research,p.282-292.
- Book of Abstracts,World Congress of Science and Football,Nagoya,Japan,2011.
- Internet sides
 www.soccerfitness.com
 www.bangsbosport.com

ATP-CP系　62
Yo-Yo間欠的持久力テスト（Yo-Yo IE）　5
Yo-Yo間欠的回復力テスト（Yo-Yo IR）　5

■あ

アデノシン三リン酸（ATP）　61
アロウヘッド・アジリティーテスト　5，71，94
インシーズン　vi，39，96
育成年代／ユースレベル　vi
エスアンドシーコーポレーション　10，26
エリートレベル　vi
オフシーズン　vi

■か

カウンター・ムーブメント・ジャンプテスト　5，78，94
カーブ・スプリントテスト　5，66，99
解糖系　61，62
下背部の筋群　77
肩の筋群　77
間欠的持久力　1，5
間欠的高強度運動能力　1，5，23
脚伸展筋群　77
筋バイオプシー　30
筋力発揮能力　1
クリエイティブ・スピードテスト　5，68，94
クレアチンリン酸（CP）　30，61
グローバルポジショニングシステム　7，58
首の筋群　77
高エネルギーリン酸　61
高強度ランニング　7
後下腿筋群　77
股関節内転筋群　79

■さ
サーフェイス　59
最大下テスト　45
最大挙上重量（1RM）　84, 89
最大酸素摂取量（$\dot{V}O2max$）　8, 94
最大心拍数　62
ショート・ドリブルテスト　5, 73, 94, 99
上背部の筋群　77
上腕二頭筋　77
上腕三頭筋　77
準エリートレベル　vi
スクワットテスト　5, 84, 94
スプリント能力　1
スローイン　88
成熟度　17
生物学的年齢　17
専門的高強度運動反復能力テスト　26
前下腿筋群　77
相対的心拍数　45

■た
代表レベル　vi
炭水化物（グリコーゲン）　61
大腿四頭筋　59, 77, 79
直線スプリントテスト　5, 60, 94
臀部の筋群　77, 79
トップ（選手、リーグ）レベル　vi
トレッドミル　43

■な
内転筋　59
乳酸　14, 31

■は
ハートレイトモニター　44
ハムストリング　59, 77, 79
バランス　1
バランス・ビーム　91
爆発的筋力　77
反復スプリントテスト　55
反復直線スプリント能力　60
ビーム・バランステスト　5, 91, 94, 99
ビープ音信号　10, 28
敏捷性（アジリティー）　1, 71
疲労指数　61, 62, 66
ファイブ・ジャンプテスト　5, 83
フィールド漸増負荷テスト　4, 5, 44
フットサル　93
プレシーズン　vi, 39, 95
腹筋群　77
ベンチプレステスト　5, 89

■ま
マルチカメラシステム　58
無酸素性エネルギーシステム　30
胸の筋群　77

■や
有酸素システム　14
有酸素系　62
有酸素性エネルギーシステム　21, 61
有酸素性高強度トレーニング　50

■ら
リクリエーショナルレベル　vi

訳者あとがき

　今日、サッカーというスポーツにおいてよりレベルの高い技術や戦術を習得し、それらを安定して遂行するためには、より高度な持久力、スピード、敏捷性、爆発的パワー、バランスといった体力が必要となることに疑念を挟む指導者はいないだろう。しかし重要なことは、その体力が一般的体力ではなく、サッカーという競技特性に見合った専門的体力でなければならないという点である。このことは、体力トレーニングを効果的に進めたり、選手やチームのコンディションやパフォーマンスレベルを評価したり、あるいは運悪くケガをした選手の回復具合を客観的に判断する際や、信頼のできる基準を得るための体力テストを実施する際においても、サッカーという競技特性を正しく反映したテストが必要となることを意味する。

　本書で紹介されている体力テストはすべて、著者らの長年にわたるトップレベルの現場での指導とこれまで世界中の科学者によって行われた豊富な実践的研究によってその有用性が示されたものばかりであり、評価基準となるデータも男女別の各年齢、競技レベルにわたって詳しく提示されている。したがって、本書によって、サッカーに必要な各種体力テストの意味や正しい実施方法がわかるだけではなく、実際に行ったテスト結果をもとにした評価にもすぐに役立つものとなっている。

　とりわけ、Yo-Yoテスト、特に休息を挟んで段階的に走スピードを上昇させながら高強度ランニングを繰り返す間欠的持久力(Yo-Yo IE)テストと間欠的回復力(Yo-Yo IR)テストは、サッカーに必要な専門的持久力を測るためのいわばゴールデンスタンダードテストとして、世界中のサッカー界のあらゆる競技レベルで使用されており、実際の試合中の高強度運動との関係や、シーズンを通した変化等についても詳しく研究されている。したがって、同年代の選手間の比較やチームレベルの変化を正しく把握するためにも、定期的に実施していくことにより、きわめて多くの

情報を得ることができる。ぜひ日本国内においても、本書に示された統一の実施方法で各年代のすべてのチームで、実施されるようになることを願っている。それによって、サッカーに必要とされる専門的持久力についての国内における統一基準を持つことができ、さらに国際比較も可能となり、またチームのコンディションレベルに対する客観的評価がどのチームでも可能となる。

　かつては、体力テストというと、大切な練習時間を犠牲にして、わざわざそのための時間を取って、年に1回か2回実施するものというイメージがあった。しかし、本書に示されたような数々のテスト、例えば6分間の最大下Yo-Yoテストはウォーミングアップの一部として、あるいはスプリントテストや敏捷性テスト、筋力テスト等々は、普段の体力トレーニングの一環として実施することができる。むしろ、繰り返し実施することによって各選手の体力レベルやコンディションを常にモニターすることができ、そこから得られる情報量も数段多くなり、より効果的なトレーニング計画の立案やさまざまな判断・意思決定に生かすことができる。できるものから普段のトレーニングの一環として、取り入れていってもらいたい。

　世界のサッカーサイエンスは今日、急速なスピードで日進月歩を遂げている。本書で示された内容も、いつまでも最新であるとは限らない。現に、本書で示された以外の各種のテストやさらに高度な最新のテクノロジーを用いた効果的な測定方法や判断基準が開発され、実際に使用され始めている。とはいえ、本書はまだまだ世界をリードする内容に溢れているので、まずはここからスタートし、徐々に世界のサッカーにおける体力テストの頂点を目指していけばよい。日本のサッカー界における体力テストのレベルが世界のトップに達したときには、競技レベルも押しも押されもしない世界のトップを争うレベルに成長しているであろうことは想像に難くない。

2014年11月　訳者代表　長谷川 裕

[著者紹介]

ヤン・バングスボ(Jens Bangsbo)

　国際的に知られたコペンハーゲン大学（デンマーク）、オーガストクロウ研究所の博士であり、運動・スポーツサイエンス学部の教授である。トレーニング生理学と測定についての研究者でありその専門家として、300本以上の科学論文を執筆し、15冊以上の本を書いている。最近出た本には、"Aerobic and Anaerobic Training in Soccer: Special Emphasis on Training of Youth Players (Fitness Training in Soccer I)"（邦題「ゲーム形式で鍛えるサッカーの体力トレーニング」長谷川裕／安松幹展／上田滋夢共訳、大修館書店）がある。また、フットボール全般に関する国際会議"Science and Football"の理事メンバーである。2001年から2004年まで、イタリアセリエAの強豪ユベントスFCのトップチームのアシスタントコーチを務めた。また、ユーロ2004、2010ワールドカップにおけるデンマークナショナルチームのコーチングスタッフでもあった。UEFAとFIFAの公認インストラクターでもある。自分自身、プレーヤーとしてデンマークのトップリーグおよびデンマークナショナルチームで合計350以上の試合に出場した。また、ナイキのブートキャンプおよびイグナイトプログラムの開発者でもある。科学的知識を実践の場に役立たせる彼の能力は世界中から広く支持されている。

マグニ・モア(Magni Mohr)

　運動生理学の博士号を有し、コペンハーゲン大学（デンマーク）、オーガストクロウ研究所、運動・スポーツサイエンス学部の研究者として長年仕事をしてきた。そして現在は、イギリスのエクセター大学の研究員である。高強度間欠性スポーツの生理学およびエリートレベルのサッカー選手の体力トレーニングと測定に関する専門家であり、このテーマに関する70本以上の科学論文と著書が2編ある。元エリートレベルのサッカー選手で、コーチとして、フェロー諸島リーグとカップで優勝経験を持つ。試合分析と体力テストに関する業務をユベントスFCとデンマーク代表チームで行い、チェルシーFCの科学コンサルタントも務めた（2008〜2011）。FIFAの公認インストラクターであり、世界中のプロライセンスコーチングコースで活動している。

[訳者紹介]

長谷川 裕（はせがわ ひろし）

龍谷大学経営学部スポーツサイエンスコース教授
同サッカー部部長兼監督
元名古屋グランパスエイト・コンディショニングアドバイザー
NPO法人日本トレーニング指導者協会（JATI）名誉会長
JATI認定特別上級トレーニング指導者
社団法人スポーツパフォーマンス分析協会理事長

安松幹展（やすまつ みきのぶ）

立教大学スポーツウエルネス学部スポーツウエルネス学科教授（理学博士）
同サッカー部副部長兼コーチ
日本サッカー協会技術委員会フィジカルフィットネスプロジェクトメンバー
同公認A級ジェネラルコーチ
アジアサッカー連盟（AFC）フィットネスコーチインストラクター
日本フットボール学会理事

パフォーマンス向上に役立つ
サッカー選手の体力測定と評価
©Hiroshi Hasegawa, 2015　　　　　　　　　　　　　NDC783／vi,107p／24cm

初版第1刷 ── 2015年2月20日
第2刷 ── 2023年9月1日

著者 ──────── ヤン・バングスボ／マグニ・モア
訳者代表 ────── 長谷川　裕
発行者 ─────── 鈴木一行
発行所 ─────── 株式会社　大修館書店
　　　　　　　　　〒113-8541　東京都文京区湯島2-1-1
　　　　　　　　　電話03-3868-2651（販売部）　03-3868-2299（編集部）
　　　　　　　　　振替00190-7-40504
　　　　　　　　　［出版情報］https://www.taishukan.co.jp

装丁・本文デザイン ──── 石山智博
表紙カバー写真提供 ──── アフロ
組版 ─────────── 明昌堂
編集協力 ───────── 東京出版サービスセンター
印刷所 ─────────── 八光印刷
製本所 ─────────── 牧製本

ISBN978-4-469-26769-3　　Printed in Japan

Ⓡ本書のコピー，スキャン，デジタル化等の無断複製は著作権法上での例外を除き禁じられています。本書を代行業者等の第三者に依頼してスキャンやデジタル化することは，たとえ個人や家庭内での利用であっても著作権法上認められておりません。